KB051715

敎育을,
大韓民國을,
새롭게

崔分喜가

‘대한민국의 미래’ 행복한가요?

2024년 1월 9일 초판 1쇄

글 최분희 펴낸곳 책밭 펴낸이 전미정 디자인 윤종욱 교정·교열 정윤혜
출판등록 2011년 5월 17일 제300-2011-91호 주소 서울 중구 퇴계로 235, 211호
전화 02-2275-5326 팩스 02-2275-5327 이메일 go5326@naver.com 홈페이지 www.npplus.com
ISBN 979-11-85720-45-6 03070 정가 20,000원

‘대한민국의 미래’ 행복한가요?

최분희가 가슴으로 전하는 외침

추천의 글

대학지도(大學之道)에서는 「밝은 德」을 밝히며 백성을 새롭게 하여 지선(至善)의 경지에 머물러야 한다고 하였다.

밝은 덕을 밝히는 것은 수신(修身)의 일이고, 백성을 새롭게 하는 것은 치인(治人)의 일이다.

유학(儒學)의 목적은 수기치인(修己治人)에 있다. 밝은 덕이라 하는 것은 사람이 이 세상에 올 때 천(天)으로부터 얻은 바의 항상 발(發)하는 빛나고 밝은 마음 그것이다. 이는 비어있고 신령하며 어둡지 아니하여 중리(衆理)를 갖추고서 만사에 응하는 것으로 '비어있다(虛)'함은 받아들일 수 있는 마음을 갖고 있다는 것이고, '신령하다(靈)'함은 응할 수 있는 것이다. 단지 기질의 받음과 인욕(人慾)에 가리게 되면 때로 어두울 적은 있어도 밝은 덕 그 본체의 밝음은 쉼이 없는 것이라, 이런 이유로 공자께서는 일찍이 "나라는 백성이 많아야 하고, 많아진 백성을 부유(富裕)하게 하여야 하고, 부유해지는 백성을 예(禮)와 의(義)를 밝혀서 가르쳐야 하며, 가르치지 아니하면 짐승으로 회귀(回歸)한다"고 하시었다.

예와 의는 사람에게 있는 것으로 이보다 더 밝은 것이 없다. 예로부터 인명(人命)은 재천(在天)이라 하였고, 국명(國命)은 재례(在禮)라 하였다.

나는 20여 년 전에 기초교육에서 밝음을 가르치는 밝은 이를 보았다. 성내지 아니하고 밝게 분변(分辨)하며 아이들의 동작과 자세를 처음부터 밝음으로 바로 함으로써 아이가 80세가 되어도 적자지심(赤子至心)을 잃지 않도록 아이를 인도하는 그가 崔分喜다.

그 후 인연이 되어 유학에 참여하게 되었다. 여형제 7남매 중 자기가 다섯 손가락 안에 든다고 손가락을 치켜세운다. 나라에 새로운 리더들이 간절히 요구되는 이때 역사를 두텁게 하고, 나라를 크게 할 崔分喜의 출현(出現)이 빛난다. 총명예지(聰明睿智)한 그의 본성을 믿는다.

금곡 학술문화재단 이사장 하연순

추천의 글

"순수한 열정의 열매"

독일의 대문호 괴테의 말처럼 인간이 생각한 대로 행동하기란 쉽지 않은 일이다.

삼십 년 동안 자신이 추구하는 바를 이루기 위해 흔들림 없이 한 길을 걸어간다는 것은 더더욱 쉽지 않은 일이다.

사단법인 한국슈타이너인지학센터는 한 세기를 넘어 세계적인 창의·인성 교육으로 자리매김한 발도르프 교육예술을 소개하고자 국제 아카데미를 시작했다. 교육 현안에 대한 토론과 연구 모임을 막 도입한 시점에 최분희 박사를 만났다. 첫 번째 대화에서 그는 아동교육의 문제와 교육 현실을 객관적으로 진단하며 우리 교육의 딜레마에 대한 고민을 털어놓았고, 이에 대한 새로운 길로서 발도르프 교육학을 적극적으로 수용하는 실천력을 보였다. 그리고 우리 사회의 교육 문화를 개선하고자 비영리 사단법인의 운영위원으로 헌신했다. 이런 적극성은 주어진 교육환경을 하나씩 변화시키며 아이들을 행복하게 키워내겠다는 교육자의 순수한 열망으로 보였다.

이어서 최분희 박사는 기존 교육 현장을 근본적으로 바꾸려는 의지를 가지고 주저 없이 국제 수준에 따른 발도르프 킨더가르텐 모델을 국내에 도입했다. 동시에 발도르프 유아교육 현장을 가꾸면서 기존의 교육행정을 변화시키기 위해 다양한 노력을 기울였다. 교육학 석사로서 행정학에 도전하여 박사 학위를 취득한 후, 행정기관과 정치권을 상대로 자신의 이상을 향해 열정적으로 실천하는 모습이 주변 사람들에게는 긍정의 힘을 선사하고 있다.

행동하는 정신을 소유한 그는 특히 인공지능 시대가 요구하는 핵심 역량, 즉 "한 줄 세우기"의 경쟁이 아닌 상생과 협력, 창의성과 도덕성을 바탕으로 한 아동교육을 지향한다. 이제 행복한 아이를 키워내는 교육자를 넘어 우리 사회의 미래를 전망하며 폭넓은 영향력을 발휘하길 기대한다.

그동안의 풍성한 현장 경험을 담은 이번 저서가 새로운 각도에서 대한민국의 교육을 변화시키는 밑거름이 되길 간절히 바란다.

사단법인 한국슈타이너인지학센터 대표
독어독문학 박사 이정희

추천의 글

4차 산업혁명 시대를 맞아 교육계는 물론 사회 전반에서 1, 2차 산업혁명 시대와는 전혀 다른 유형의 인재 양성을 요구하고 있다. 현재 많은 국가의 인재 육성 체계는 과거 농업, 어업에서 산업화로 넘어오면서 요구되었던 인재를 육성하는 데에서 크게 나아가지 못하고 있는 것이 현실이다.

2차 산업혁명 시대라 일컫는 근대산업사회에서의 교육은 공장, 사무실 등에서 일할 사람을 길러내는 것이 목적이었으며, 이를 위해 가장 중요하게 요구하였던 능력이 읽고, 쓰고, 계산하는 능력이었다고 보아도 과언이 아닐 것이다. 또, 이러한 교육제도 아래에서는 그 사회가 요구하는 규범에 적합한 행동과 사고를 하는 사람이 인재라는 인식이 있었다.

그러나 오늘날 4차 산업혁명 시대에는 인간이 담당하던 상당수의 업무를 로봇과 인공지능이 대신 수행하게 되면서 이제는 Creativity(창의력), Critical Thinking(비판적 사고력), Communication(의사소통 능력), Collaboration(협업능력) 등 이른바 4C를 갖춘 인재를 요구하고 있다. 이러한 인재는 고등교육이나 대학교육만으로 만들어내는데 한계가 있으며 어릴 때부터 체계적인 교육과 함께 충분한 인지·감성 능력 향상이 이루어질 때 가능한 일이다.

이러한 점에서 최분희 박사가 추구하는 교육방식은 미래 우리 사회가 요구하는 인재 육성 체계의 기초를 만드는 데 매우 중요한 역할을 할 것이라 생각한다. 특히, 최 박사가 이러한 자신의 신념을 구현하기 위해 과감히 전공 분야를 바꾸고 다양한 분야에서 부단히 노력하고 있는 것을 보았던 지도교수로서, 이러한 믿음은 단순히 제자에 대한 믿음이 아니라 오랜 기간 많은 학생을 지도하면서 체득했던 경험의 결과라고 할 수 있다.

정부의 정책을 바꾸는 것은 쉽지 않은 일이다. 특히, 아동교육에는 많은 이해관계가 존재하기 때문에 이를 극복하는 것이 교육의 방향을 정하는 것보다 더 어려울 수 있다.

부디, 최 박사가 본 저서에서 언급하고 있는 많은 것들을 잘 수행해 나감으로써 미래 대한민국의 교육을 진일보시키는 기회로 만들기 바란다.

한성대학교 총장 이창원

추천의 글

수많은 한국의 부모님들이 한국의 교육 시스템에 만족하지 못하고 어렸을 때부터 자녀들을 외로운 외국 땅에서 교육을 시키려는 모습을 자주 봅니다.

저자의 프롤로그에 나오는 말씀처럼 현재 국어도 제대로 구사하지 못하는 우리 아이들에게 영어 교육을 시키는 어처구니없는 환경에서 우리 아이들에게 마치 성적이 인성보다 중요한 것처럼 우리 아이들을 키우고 있지는 않을까 되돌아보게도 되었습니다.

유럽의 역사적인 중심에 서 있으며 선진국이라 불리는 독일에서 공부를 하고 활동을 하고있는 대한민국 국민으로서 이제는 전 세계적으로 K 하면 모르는 사람이 없을 정도로 K-팝, K-화장품, K-드라마 등 한국은 문화 강대국으로 전 세계에서 인정받고 있음을 몸소 느낍니다.

최분희 박사님의 책에 나오는 이야기들과 개선 방안을 읽으며 계속하여 머릿속에 스치는 것이, 정말 이대로라면 우리의 좋은것에 박사님의 비전이 더해져, 한국의 교육 시스템 또한 K-교육으로 전 세계에 자리를 잡을수있지 않을까? 이제는 우리가 나가서 세계에서 배우는 시대가 아니라, 전세계의 아이들이 대한민국에 교육을 받으러 들어오는 시대가 오지 않을까 하는 희망의 꿈도 꾸게 되었습니다.

더불어, 박사님께서 오랫동안 연구하시고 몸담으신 아이들을 자유롭게 키우는 교육법은 경쟁보다 남들과 더불어 살 수 있는 교육, 긍정적으로 바라보는 인성 그리고 아이들의 다름을 인정하고 각각의 특성을 살려주는 교육법으로 독일에서도 오랫동안 사랑받는 교육법입니다.

대한민국과 독일을 넘나들며 아동 교육 분야에 최고의 자리에 오르신 최분희 박사의 책이 많은 교육자분들과 부모님들에게 전해져, 우리 아이들의 교육 기반이 튼튼하고 건강하게 구축되며, 현재 자살률이 1위인 우리나라의 미래가 살기 좋은 나라 1위 행복지수가 가장 높은 1위 나라가 되길 희망하며 기대합니다.

독일과 대한민국에서 직접 만나 뵌 최분희 박사님은 열정과 겸손을 겸비하신 인성이 훌륭하신 제가 개인적으로 닮고 싶은 어른이셨습니다.

우리나라 아동의 미래가 최분희 박사님의 비전과 함께 닿아 강하고 밝게 대한민국에 빛처럼 비칠 것이라 믿습니다.

지금 보다 더 나은 교육 환경에서 자식을 키울 수 있는 대한민국을 꿈꾸며, 박사님의 많은 경험과 열정으로 만들어진 이 책이 많은 사람들에게 전달되길 바라며…

독일 도르트문트에서,
어린이와 청소년 합창 전문 지휘자 정나래

프롤로그

합계출산율 0.6명대를 바라보는 초저출산 국가, 아이를 낳지 않는 나라, 인구소멸이 우려되는 국가, 이러한 국가가 대한민국이다. 이렇게 아이를 낳지 않는 것은 그만큼 아이를 키우기 어렵다는 말과 맥락을 같이 하는 것이다. 낳은 아이들을 잘 키울 수 있는 나라와 사회를 만들면 어떨까? 아이를 잘 교육할 수 있는 환경을 만들면 아이를 많이 낳게 될까?

최근 사회 곳곳에서는 본질을 잃어버림으로써 발생하는 많은 문제가 터져 나오고 있다. 대한민국이 향후 새천년의 역사를 다시 써 내려가기 위해서는 이러한 본질 왜곡의 문제를 해결해야 하며, 소위 국가와 사회 지도자들은 자신의 안위보다 국가를 위해 자신의 역량을 쏟는 데 진심이어야 한다.

본인은 사회나 국가는 그를 구성하는 인적요소, 즉 인간에 의해 모든 흥망성쇠가 결정된다고 생각한다. 특히 어린 아이가 제대로 자라날 때 미래를 기약할 수 있다는 소신을 가지고 살아왔다. 그래서 나는 대학교에서 머뭇거림 없이 아동교육의 길을 택하였고, 내가 가졌던 생각을 구현하기 위해 상당히 오랫동안 "아이를 행복하게 키우는 환경"을 만드는 데 온 정신과 노력을 기울였다. 그러나 내가 겪었던 사회는 아이의 행복과 재능의 발달보다 수용과 보호 수준에 머물 수밖에 없는 환경에서 좀처럼 앞으로 나아가지를 못하는 안타까운 모습을 보였다. 이 때문에 나는 이러한 절망적 상황을 타개하기 위해서는 피켓을 들기도 했고, 행정기관을 방문하여 대안을 제시하기도 하였으나 결국 내가 직접 참여하여 정부정책과 교육환경을 바꾸는 위치로 갈 수밖에 없다는 생각을 하게 되었다. 이것이 내가 행정학 박사를 취득한 이유이다.

나는 이후 강단에서 이 문제를 공론화하기 위해 노력하였고, 여성단체에 몸담고 이를 통해 정치권에 변화를 촉구하였다. 정치적 해법이 탐탁한 것은 아니지만, 교육환경은 행정에 많은 영향을 받고, 이러한 행정의 변화는 법·제도의 변화가 있을 때 가능하다. 특히 아동교육의 근본적 변화가 중요한 이유는 아동교육 그 자체뿐만 아니라 저출산의 문제점을 극복하는 하나의 방법이며, 부모의 사회적 부담을 줄이고 아이와 가정을 행복하게 함과 동시에 대한민국이 미래를 준비하는 하나의 대안적 역할을 할 수 있기 때문이다.

밝음을 가진 행복한 아이는 우리 모두의 소망이자 아동교육의 목표이다. 30여 년이 넘는 교육 현장에서의 나는 올바른 인성과 인지능력을 바탕으로 재능을 키워나간 아이가 성인으로서도 성공적인 인생을 살아가는 것을 많이 보았다. 따라서 나는 밝고 행복한 아이가 새로운 것을 창출하는 First Mover로서의 대한민국 인구절벽 시대의 대안적 역할을 할 수 있다는 확신을 가지고 있다. 따라서 이제는 아동교육 혁신가이자 교수로서 역할을 넘어 행정과 정치적 지원 여건을 만드는 데 남은 열정을 쏟고자 한다.

대한민국에서의 아동교육은 과학이 아니라 생활의 관점에서 추진되고 있으며, 정부 정책에 따라 탁아중심의 교육정책과 환경이 지속하고 있다. 이러한 환경은 아이의 정서적·신체적 발달을 보장하지 못하며 부모의 불안감을 만드는 하나의 원인이 되고 있다.

1990년대 초 아동 교육환경에 뛰어든 이후 내가 경험한 것은 국어도 제대로 구사하지 못하는 아이에게 영어를 교육하는 어처구니 없는 교육환경이었다. 그러나 당시 어느 곳에서도 이러한 문제점을 해소할 수 있는 대안을 찾지 못해 아동 교육을 접어야 하겠다는 생각을 할 즈음, 우연히 접한 슈타이너(Rudolf Steiner)의 발도로프(독일어: Waldorfpädagogik, 영어: Waldorf education, Steiner education) 교육은 나에게 아이 교육이 어떤 목적으로, 어떻게 실시되어야 한다는 것을 보여주었고 나의 역할을 명확하게 하였다. 2000년대 초반 나는 독일을 오가며 몇 번의 교육과정과 논의를 거쳐 '강남 발도로프 킨더가르텐 법인'을 설립하고 이를 구현할 수 있는 교사 양성을 위해 이 분야 최고의 권위자인 '이정희 박사'와 함께 인지학 센터에서 열정을 쏟게 되었다. 또한 이러한 이론적 토대를 구현하는 기관으로 3개의 다른 유형의 교육기관을 운영하면서 우리 아동을 힘들게 하는 '지식 숙달 기반 교육환경'을 '건전한 신체 발달과 내적 향상의 교육환경'으로 바꾸기 위해 최선의 노력을 기울였다. 그간 많은 지인과 학부모가 수익성 저하나 교육 교사 재교육의 어려움, 교육환경 구비의 어려움 등을 들어 주변 많은 분이 현실과 이상의 문제를 조언해주었고, 일부 교육기관과 행정기관에서는 머지않아 생각을 접고 현실로 돌아올 거라는(?) 이야기도 많았지만, 현재 제법 많은 교육기관이 이러한 교육이념과 프로그램을 구현하기 위해 노력하고 있는 상황을 볼 때 '그간의 노력이 결코 헛된 것은 아니었다'라는 생각이 든다.

필자가 생각하는 교육환경의 기본개념은 크게 네 가지이다. 하나는 아이에 대한 성찰이다. 아이는 생리적으로 부모의 유전자를 받고 태어난 존재이나 오래전 우리 조상으로부터 내려온 정신과 경험의 집합체로 나와 동등한 인격체로 인식되고 존중받아야 한다. 두 번째는 아동의 성장을 돕는 교사, 부모의 교육에 대한 인식변화이다. 아동은 교육 교사뿐만 아니라 부모가 함께하는 교육환경이 만들어질 때 아이가 자신의 재능을 갖춰가며, 내면의 성숙을 이룰 수 있다. 세 번째는 아이들이 건전한 신체 발달과 재능을 발전시킬 수 있는 교육 환경과 교수 방법이다. 정부는 현재와 같은 수용의 개념을 벗어나 자연과 함께할 수 있는 환경을 만들고, 교사는 아이의 재능이 충분히 발휘될 수 있는 조정·협력자로서의 역할을 하는 것이 필요하다. 네 번째는 부모의 노동력 활용에 기반을 두는 정부 아동 정책 변화이다. 아동 교육정책은 우리의 미래를 준비하는 것이다. 따라서 수용시간을 늘리기보다 어떻게 부모와의 접점을 만들어 줄 것이며, 어떻게 좋은 인격체로 성장하게 할 것인지에 정책의 목적을 둬야 한다.

아동에 대한 교육은 아이들의 성장은 부모의 헌신과 지원에 힘입어 이루어지지만, 이들은 각자의 고유성을 가진 인격체이며 자유로운 영혼이라는 것을 인식하는 데에서 시작한다.

1990년대 초반 새로운 패러다임의 교육기관을 연 이후 수많은 학부모를 만나면서 많은 부모가 자신의 아이를 '낳았다'라는 표현을 쓰는 것을 보았다. 사실 생물학적으로는 생명체를 자신의 몸속에서 키우고 힘든 출산 과정을 통해 기초적 생존이 가능한 성체를 몸 밖으로 내었으니 낳았다고 하는 것이 틀린 말은 아니다. 그러나 아이가 아주 희박한 확률을 뚫고 생명을 얻어 세상에 나왔다는 점을 고려한다면, 종교를 믿는 사람이 아니더라도 기적과 같은 일이라는 생각이 든다. 이러한 관점에서 볼 때 아이는 부모의 사랑뿐만 아니라 과거 우리 선조들이 물려준 각종 정보를 담아 새로운 삶을 만들기 위해 온 존재라고도 볼 수 있다. 만약 이러한 개념이 타당하다면 '아이가 우리에게 왔다'라고 표현해도 과언이 아니라고 생각한다. 이러한 단어의 차이가 중요하다고 생각하는 이유는 부모의 사랑에는 큰 차이가 없을지 모르겠으나 아이를 대하는 부모의 인식과 교육방식을 좌우하는 태도라는 점에서 중요하기 때문이다. 엄마가 아이를 낳았다고 하는 인식에는 내가 아이를 만들고 생명을 주었기 때문에 아이에 대한 소유 및 아이 성장의 주도권이 나에게 있다는 점을 강하게 내포하고 있다고 볼 수 있다. 반면 아이가 나에게 왔다는 탄생의 개념은 나에게 온 아이, 그가 가지고 있는 다양한 재능을 잘 발굴하고 하나의 인격으로 존중하여 사회적으로는 아이가 새로운 미래를 만들고, 개인적으로는 나름 원하는 행복을 찾을 수 있는 존재로 성장하도록 해야 한다는 것을 의미한다.

본 책에서는 아이는 어떤 존재이고, 현장에서 보았던 아이 교육의 문제점은 무엇인지 사례를 중심으로 이야기하고, 이를 개선하기 위해서 부모·사회·정부가 해야 할 사항에 중점을 두고 이야기를 논하고자 한다. 작은 개인의 경험이지만 오랜 경험을 통해 제대로 걷지 못하는 아이가 시설이 위치한 개포, 율현 발도로프의 뜰로 들어와 성장하고, 성인으로 커 나가는 것을 부모들과 함께 보고 커뮤니

티를 지속 운영하면서 우리 아이들의 성공과 행복이 '지식을 어떻게 습득하고, 시험에 좋은 성적을 얻을 수 있는가'에 있는 것이 아니라 '아이의 재능을 잘 발굴하고, 정서적으로 안정된 아동으로 성장시킬 때 가능하다는 것'을 충분히 경험하였다. 또한 이러한 전인적 교육, 가정에서 부모가 해야 할 일을 제대로 지원하는 교육기관으로서 역할이 이루어질 때 저출산에 영향을 주는 양육환경의 문제점도 일정 부분 보완될 것이며, 지식 주입 정책으로부터 발생하는 부적응 청소년의 문제도 부분 해결할 수 있을 것이라고 확신한다. 부디 오늘 전하고자 하는 이야기가 사회의 발전과 다양성을 강화하고, 아이의 올바른 성장과 행복감 증진에 도움이 되기를 기대한다.

CONTENTS

4. 최분희가 꿈꾸는 교육

5. 최분희를 말한다

1

변화와 혁신의 문에 선 우리 교육

수기치인 평치천하(修己治人 平治天下)

: 자신의 몸을 닦아 타인의 모범이 되어 남을 다스린다.

다시
교육의 본질로

우리의 미래를 약속하는 교육

교육은 백년지대계(百年之大計)라고 한다. 백년지대계라는 말은 중국 제나라 재상 관중이 사용했는데, <관자>라는 책에서 '곡식을 심는 것은 일년지계, 나무를 심는 것은 십년지계, 사람을 심는 것은 종신지계(終身之計)'라는 말에서 왔다. 즉 곡식은 한번 심어 한번을 얻고, 나무는 한번 심어 10배를 얻고, 사람은 한번 심으면 100배를 얻는다는 것이다. 여기서 그 100배를 잘 얻으면 국가와 이 사회는 더욱더 부강해질 수 있다. 그것이 교육의 힘이다. 사회적 변화 속도는 어느 때보다 빨라지고 있으며 사실 예측하기 어려운 시대 속에서 살고 있지만, 교육은 여전히 우리의 미래를 담보하는데 중요성을 가진다.

그런데 백 년은커녕 하루하루 갈 길이 먼 우리 교육 전반에 대해 안타까운 목소리가 높아지고 있다. 혹자는 교육의 본질이 사라진 교육 현장의 문제를 제기하며, '대한민국의 교육은 무너졌다', '교육 불가능의 시대'라고 한다. 교육 본질이 상실되어 나타나는 많은 오해와 다양한 편견을 교육 현장에서 쉽게 경험하고 있지 않은가. 학교에는 꿈을 잃은 아이들로 넘치며, 아이들의 학력은 물론 그들의 심성까지 메말라 추락하고 있다. 공교육을 뒷받침하기 위해 만들어졌던 사교육은 현재 공교육을 뛰어넘은 상황이며 대학들은 취업이 잘되는 과들로 만들어져가고 있는 현실이다. 초등학생들 사이에서는 의대 입시 반이라는 이름의 학원들도 만들어져 있고 소위 공부를 조금 하는 학생들은 의대로 진학하기 위해 기존의 대학도 그만두고 다시 입시를 준비하는 모습이다. 이러한 모습이 교육의 본질인가? 그동안 수많은 교육제도 개편과 변화를 위한 노력이 있었지만, 우리 사회에서 교육문제만큼 풀기 어려운 문제가 또 있을까 싶다.

우리 사회에서 교육은 교육계만의 문제를 내포하고 있지 않으며, 교육과 사회문제가 뒤엉켜 그 누구도 쉽게 실마리를 제공하지 못하고 있다. 이래서는 교육이 제대로 될 수 없다. 교육이 제대로 되지 않으면 우리에게 미래는 없을 것이다.

달라지는 세상과 교육

세상은 달라졌고, 사회는 끊임없이 변화해왔다. 사회변화는 교육의 변화를 동반하며, 교육은 사회변화에 민감할 수밖에 없다. 특히 교육이 국가영역 안에 편입되면서 교육은 중요한 사회제도로서 자리매김하게 되었다. 교육은 한 사회의 과거, 현재, 미래가 어우러지는 활동으로, 미래의 삶을 위하여 축적된 문화인 과거를 현재의 관점에서 가르치고 배우는 것이다. 그래서 교육은 흔히 세대 간의 상호작용으로 이루어진다. 앞선 세대가 다음 세대에게 가르치는 활동이다. 부모가 자식을 가르치고 기성세대가 새로운 세대를 가르친다.

교육은 역사적·사회적 맥락 속에서 이루어지며, 각 시대의 교육은 그 시대의 사회적·경제적·정치적 조건의 영향을 받으며 반대로 교육이 사회 각 부분에 영향을 주기도 한다. 이처럼 교육과 사회는 끊임없이 상보적 교류를 하고 있기에 교육은 사회마다 다르며 사회의 변화를 반영하고 있다.

교육이 이루어지는 장(場)인 사회는 인간의 삶의 질과 깊은 유관성을 지닐 뿐 아니라 사회 내에 존재하는 사회의 제반 문제 또한 교육에 직간접적으로 영향을 미친다. 따라서 사회를 이해함이 없이 교육을 이해할 수 없고 교육을 이해함이 없이 사회의 문제를 이해할 수 없다.

지금 우리 사회는 어느 때보다 예측하기 어려울 정도로 빠르게 변화하고 있다. 사회변화의 핵심축으로는 '테크놀로지(technology)'가 작동한다. 테크놀로지의 변화는 제1, 2차 산업혁명을 통해 농경 사회에서 근대산업사회로, 제3차 산업혁명을 통해 지식정보화 사회로의 변화를 추동하였고, 현재는 제4차 산업혁명이 우리의 삶을 변화시키고 있다. 산업혁명이란 용어는 일반적으로 생산성이나 효율성이 급격하게 향상된 변화를 의미한다.

제1차 산업혁명은 18세기에 증기기관의 발명으로 일어난 기계화 혁명을 의미하는데 이로 인해 생산성이 급격하게 증가하였다. 제2차 산업혁명은 19세기 말에서 20세기 초까지 일어난 전기발명에 따른 대량생산 혁명으로 공장에 전기가 보급됨으로써 컨테이너 벨트를 활용한 대량생산 체제가 시행되었다. 이때 세계적으로 최초로 대량생산 시스템으로 생산된 자동차가 우리가 익히 알고 있는 포드자동차이다. 포드자동차는 제2차 산업혁명의 대명사가 되었다. 제3차 산업혁명은 20세기 후반에 일어난 컴퓨터와 인터넷 기반의 지식정보화 사회를 촉발했다. 이로 인해 지식과 정보가 경쟁력의 원천이 되었고 글로벌화가 가속되었으며, 전 세계는 지구촌이 되었다. 제4차 산업혁명은 인간의 존엄성과 인간의 정체성에 대한 의문을 제기할 정도로 사물인터넷(IoT), 빅데이터 등의 융합기술 발전과 인공지능(AI)의 확산이 보편화되고 있는 시대이다. 제4차 산업혁명과 더불어 세계화가 진행되면서 현대사회는 빠르게 변화하고 확장되고 있다. 스마트폰은 연결사회의 대표적인 상징이라고 할 수 있다. 내가 원하지 않아도 나도 모르게 연결되어 우리는 살아가고 있는 것이다.

테크놀로지의 발전은 우리의 삶의 모습뿐만 아니라 교육 변화의 원동력으로 작용하며, 그 사회에서 필요로 하는 인재상도 달라질 수밖에 없다. 농경사회는 유형자본(땅)을 자원으로 하는 노동집약 사회로 부지런하고 근면한 힘센 사람을 필요로 했다. 이 시기는 삶이 학습이고 교육이 삶이었다.

근대산업사회로 넘어가면서 농경사회에서 원하는 인재상은 사라지고 공장에서 기계를 다룰 줄 아는 사람을 원하게 되었다. 산업화 시대에는 기계를 만지기 위해서는 글을 읽고 적용할 수 있는 기초 지식이 필요하였기 때문에 학교에서 공교육을 받는 것이 상당히 중요하였다. 이 시기부터 교육과 학교교육은 분리되었고, 학습과 일은 별개가 되었다. 아이들은 학습을 위해 모두 학교에 의무적으로 가야만 했고, 학교에서 아이들은 연령별로 분리되었으며 학교를 벗어나는 아이는 '문제아'로 인식되었다. 또한 학교생활을 잘하고 성적이 우수한 흔히 말하는 '모범생'이 인재상이 되었다. 산업사회는 모범생이 필요할 수밖에 없었다.

정보화 사회 이후에는 '창의적 인재'를 내세우고 있다. 제4차 산업혁명은 더욱 강력한 디지털 사회를 이끌었고, 이제 새로운 인재상은 '인성, 도덕성과 윤리성을 갖춘 창의적 인재'이다. 20세기형 인재는 단순지식을 암기하고 기술을 습득하는 능력을 요구했지만, 21세기형 미래 인재는 방대한 정보를 활용하여 문제를 해결하고 새로운 가치를 창출할 수 있는 능력이 요구된다. 과학기술이 발달하면서 보다 긴밀해져 가는 세계화와 지구촌 문제에 대한 세계시민의식 같은 윤리적 가치 또한 요구되고 있다.

예전보다 훨씬 더 빠르게 우리 사회가 변화하고 있다면 교육이 가장 먼저 그 변화에 대응해야 하고, 자라나는 세대에게 그 변화에 적응할 수 있는 능력을 길러 주는 것이 교육의 당연한 책무이다. 근대산업사회 안에서 부모세대가 받은 교육과 현재 제4차 산업혁명 사회의 미래 세대에게 필요한 교육과는 분명한 차이가 있을 수밖에 없음을 우리는 인식해야 한다.

약 3000년 동안 다양한 형태로 지속하였던 인쇄지식은 근대산업사회를 거치면서 최고조에 이르렀지만, 이제 정보화 혁명을 거치면서 디지털 네트워크 지식에 그 자리를 내주고 있다. 디지털 네트워크 지식은 그 형태, 유통 방식, 저장 및 소환 방식, 그리고 결정적으로 생산-재생산 방식과 담당자-종이 매체 기반의 인쇄지식과는 완전히 다른 지식이다. 디지털 네트워크 지식과 정보는 인쇄지식과는 다른 양상으로 생산-재생산되고, 학습하고 교육되어야 하는데,

지금과 같은 근대학교체제로는 그런 전환을 이루기 어렵다. 미래교육이 요구하는 변화는 전 근대학교에서 근대학교로 전환되던 시기에 경험했던 변화보다 훨씬 더 크다. 이제 우리 교육도 근대적 교육이념을 구현하려는 차원을 뛰어넘어 디지털 네트워크 지식시대에 적합한 미래교육으로 도약해야 한다. 이를 위해서는 먼저 교육의 본질에 대한 논의가 필요하다.

교육의 본질은 참된 인간을 길러내는 것

대한민국의 교육은 초저출산율과 인구절벽, 제4차 산업혁명과 인공지능, 교육 현장의 팽배한 불신 분위기 등 여러 요인이 작용하면서 큰 변화를 맞이하고 있다. 특히 챗GPT와 같은 대화형 인공지능이 등장하면서 교육의 패러다임이 바뀌고 있다. 그러나 그 근간에 있는 교육의 본질(本質)은 변하지 않는다. 본질의 사전적 의미는 어떤 사물이나 현상이 가지고 있는 원래 성질 또는 사물과 현상의 배후에 숨겨져 있는 최초의 실재(實在)이다. 그리스 철학에서는 아르케(arché)라고 한다. 우리는 나타난 또는 눈에 보이는 사물이나 현상을 보고 그것들의 실제 존재를 믿는 경향이 있다. 현상이 아무리 변한다 해도 본질에 대한 관념에는 변함이 없다. 보이는 세계가 모든 것을 말해 주지는 않는다.

현재 교육이 이야기하는 부정적인 현상은 '인간성의 보존과 육성'이라는 교육의 본질에서 유독 멀리 와 있는 듯하다. 교육의 본질을 잘 알지 못하거나 알고 있는 교육의 본질이 학부모나 교육행정가 그리고 정치·사회적 압력에 의해 그 본질이 변질하는 순간 교육은 황폐화의 길로 들어선다. 우리나라의 교육은 이미 교육의 본질 왜곡으로 인해 다양한 양태의 부정적인 교육 현상으로 혹독한 몸살을 앓고 있지 않은가. 얽히고설킨 교육의 문제를 푸는 방법은 의외로 간단하다. 시대가 바뀌어도 변하지 않는, 시대를 관통하는 교육의 본질을 다시 찾아 회복하는 것이다.

교육은 유일한 인간의 활동이다. 교육은 인간 내면세계의 심층까지 변화시키기를 원하는 것이며 동시에 개인, 사회, 국가 및 민족과 지구촌의 환경을 개선하고 변화시키려는 거대한 목적적 활동이기도 하다. 교육은 축적된 문화를 전수하는 활동이면서도 새로운 역사나 문화를 창조하는 미래지향적인 활동이기도 하다.

교육의 본질을 무엇으로 보아야 할 것인지에 대해서는 여러 가지 상이한 견해가 있을 수 있지만, 가장 핵심은 바로 '전인(全人)의 육성'이다. '전인'이란 지적이며 동시에 사회적이며 도덕적인 인간, 즉 지·정·의가 완전히 조화된 인격자라고 할 수 있다. 따라서 교육의 본질은 무한한 잠재 가능성을 지닌, 그러나 아직은 '미성숙한 인간(학습자)'을 그들이 원하는 바대로(천성대로) 자라도록 하는 것이다. 그러한 생각이 교육의 시작이며 곧 교육의 본질이며, 교육의 의미이다.

전인교육이 되기 위해서 적어도 세 가지 측면이 강조되어야 한다. 첫째, 전인교육은 지적인 교과학습에 치중되는 것이 아니라 잘 조화된 전체로서의 인간교육을 강조해야 하는 것으로 인격적 통합에 역점을 두는 교육이 되어야 한다. 둘째, 전인교육은 인간으로서의 개개인의 최대한의 교육적 성장을 촉진하는 인간 중심적 교육이 되어야 하고, 셋째, 전인교육은 학교만의 노력으로 성취되는 것이 아니라 가정과 사회의 공조관계 속에서 이루어져야 함을 의미한다. 특히 교육이 각 개인이 갖고 있는 고유한 특성이나 잠재력을 찾아내 길러 주는 것이라고 한다면, 누구나 소위 능력이라는 것과는 상관없이 공정하고 공평한 교육을 받을 권한이 있으며, 특히 학교 차이나 가정환경의 차이에 의해서 선발이나 교육상황에서의 차별은 불식되어야 할 것이다.

학교현장에서는 교육 본질을 아는 교사다운 교사가 최적의 교수방법으로 교육다운 교육을 할 때 자기주도학습 능력을 지닌 지식기반사회에 어울리는 학습자다운 학습자가 길러질 것이다. 요즘과 같이 개인화된 학습이 가능하게 된 이 시대에도 교육의 궁극적인 목표는 모든 학습자에게 균등한 기회를 제공하는 것이다. 교육의 미래는 기술과 인간의 조화를 꿈꾸며 변화와 발전을 추구해야 한다.

인공지능과 함께하는 교육은 기술적 발전뿐 아니라 인간의 성장과 발전을 위한 노력을 포함해야 한다.

어릴 때 많이 들었던 이야기가 생각난다. 세상에는 세 가지 부류의 사람이 있다고 한다. 난 사람과 든 사람, 된 사람이 그들이다. 난 사람은 능력이 뛰어난 사람이고, 든 사람은 학식이나 경륜이 풍부한 사람이다. 그리고 된 사람은 인격적으로 성숙한 사람을 일컫는다. 현대사회에서는 능력이 뛰어난 사람도 필요하고 학식이나 경륜이 풍부한 사람도 필요하다. 하지만 무엇보다 인격적으로 성숙한 사람이 더 필요하다. 난 사람은 '잘난' 사람(명예)이고, 든 사람은 '철든' 사람(지식)이다. 그리고 된 사람은 '참된' 사람(인성)이다.

지금 교육은 어떤 부류의 사람을 키워내고 있는가? 나는 잘난 사람보다 철든 사람이 좋고, 철든 사람보다 참된 사람이 좋다. 나도 참된 사람이 되고 싶기 때문이다. 이 세상에 난 사람이나 든 사람보다 된 사람이 훨씬 더 많았으면 좋겠다는 생각을 가끔 해본다. 무릇 인간은 인간다워야 한다. '인간다움'은 '인간됨'이다. 그래서 '참된 사람'이 '아름다운 사람'인 것이다. 교육의 본질은 인간의 인간됨의 교육에서 찾아야 할 것이며, 이는 교육에 새로운 희망을 안겨줄 것으로 기대한다. 대한민국 교육이 회복의 길로 나아가기 위해서는 우리 사회 모두의 관심과 지혜, 책임이 필요하며, 인간됨의 교육에서 교육이 새롭게 희망을 꿈꿀 수 있는 길을 찾아야 할 것이다.

학교교육 패러다임에서
평생학습 패러다임으로

정형화된 인재를 키우는 근대학교의 교육이념

교육의 역사는 오래되었지만, 산업혁명 이전의 학교교육은 특정 계급과 선택된 사람들의 것이었다. 교육이 일반 시민의 몫이 된 것은 산업혁명 때문이었다. 농사와 제조 기술이 아니더라도 글을 읽고, 쓰고, 셈하기를 할 줄 아는 것만으로도 생계를 유지하고 부를 축적할 수 있게 되자, 상인들이 먼저 학교 조합을 만들어 자신의 아이들에게 3R's를 가르치기 시작했고, 이어서 사람들은 동네마다 학교를 세우고 일반 대중의 아이들은 학교에서 공부하게 되었다. 즉 대중학교가 탄생하였다. 태어난 출신 가문이나 신분이 아닌 개인의 능력이 중요시되는 사회로 전환되었고, 학교는 명실공히 개인의 능력을 증명하는 가장 중요한 기관이 되었다. 즉 학교교육은 개인의 성공과 출세를 담보하는 가장 중요한 기제로 작용하게 되었다.

근대산업사회가 진전되면서 아이들은 모두 학교로 가게 되었고, 학교에 머무르는 시간은 점점 더 많아졌다. 국가는 인재 육성이라는 차원에서 학교교육을 의무교육으로 제도화함으로써 교육기회의 평등을 가져왔고, 학교는 교육의 대명사가 되었다. 이러한 학교의 역사 속에서 우리의 인지틀은 교육하면 당연하게 학교를 떠올리게 되었다. 우리나라의 경우는 해방 이후 근대적 산업화와 결합한 근대학교의 팽창으로 세계 역사상 전무후무할 정도의 급속한 팽창과 교육적 성과를 냄으로써, 근대학교의 효율성을 유감없이 발휘했다. 국가발전과 학교교육의 팽창은 불가분의 관계를 갖게 되었고, 이 과정에서 학교교육 패러다임이 자리 잡게 되었다.

사회는 학교가 아이들을 사회에서 필요로 하는 이상적인 인간형으로의 양성을 요구했다. 우리는 근대산업사회에서 어떤 인재상이 필요했는지 들여다봐야 한다. 근대 산업사회의 학교는 산업현장에서 정확한 시간관념을 지니고, 지시와 명령에 따라 정확하게 작업하는 노동자를 훈련하는 기관으로 설계되고 운영되었다. 그래서 학생들은 준비되지 않은 노동자, 미성숙한 성인으로 취급된다. 근대산업사회에서 요구했던 인재상은 '모범생'이라는 단어로 나타낼 수 있지 않을까 싶다. 모범생에 대한 학문적 논의는 거의 이루어지지 않았다. 이 또한 학교교육이 제도화되면서 당연하게 수용하게 된

용어가 아닌가 싶다. 일반적으로 모범생은 품행보다 학업성적이 우수한 학생을 우선적으로 가리키는 말이라고 할 수 있다. 우리는 학업성적이 좋으면 품행도 방정할 것이라는 고정관념을 갖고 있다고 해도 과언이 아니다. 네이버 어학사전에 의하면 모범생은 '학업이나 품행이 본받을 만한 학생', 영어로는 'model student'로 정의되어 있다.

아이가 자라서 일정한 연령대가 되면 학교에 입학하여 학교라는 공간에서 학교 규칙에 따라 생활해야 하고, 교과서를 중심으로 하는 학교공부를 해야 하고, 부모가 아닌 선생님의 지시에 따라야 하고, 정해진 수업 시간에는 학교에 있어야 하는 등 학생으로서 의무를 다할 때 품행이 방정한 모범생으로서의 면모를 갖추게 되는 것이다. 따라서 근대산업사회는 부모의 말을 잘 듣는 아이, 교사의 말을 잘 듣는 아이, 즉 '시키는 것', '하라고 하는 것'에 익숙한 아이가 모범생으로 성장하고 사회에서 성공할 수 있는 시대였다고 할 수 있다. 근대산업사회에서 정보화 사회로 이행되는 과정에서 '품행'보다 점점 더 '학업'을 우선시하는 사회적 분위기가 강화되었음을 우리는 간과해서는 안 된다.

학문적 영역에서 학교교육을 뒷받침해주는 이론이 바로 '페다고지(pedagogy)'이다. 페다고지는 아동을 가르치는 교육적 원리인데, 교육에 있어서 아동의 위치가 주체가 아닌 객체임을 확인할 수 있다. 페다고지에서 학습자의 역할은 의존적인 것이며, 사회는 학습자가 학습해야 할 내용, 시기, 방법을 교사가 전적으로 책임지고 결정할 것을 기대한다. 학습자의 경험은 교육현장에서 이용가치가 없으며 학습자가 가장 많이 얻게 되는 경험의 원천은 교사, 교재의 저자, 시청각자료 제작자 및 여타 전문가이다. 교육방법은 강의, 읽기 과제, 시청각자료 제시 등 전달식 방법에 의존한다. 학습자의 학습준비도는 사회(학교)가 학습해야 한다고 요구하는 어떤 것이든 학습하게 되어 있으며, 같은 연령이면 대부분 동일한 내용을 학습하며 같은 연령 학습자들은 단계적으로 학습해 갈 수 있도록 교육과정이 표준화되어야 한다. 학습 지향성은 교과내용을 습득하는 과정이 교육이며 학습자가 습득한 지식은 미래를 위한 준비이다. 표준화된 교육과정은 과목의 논리를 따르는 교과내용 단위 속에 조직화하여야 한다. 이에 학습에 대해 과목(주제) 중심의 지향성을 가진다. 학습자의 학습에의 동기는 외재적 동기에 의해 만들어진다.

이러한 맥락에서 기계식 활판에 의해 인쇄된 지식이 근대성을 실현하는 기반이 되고 근대학교가 인쇄된 지식을 전파하는 가장 효율적인 기관이 되었고, 선형의 국가 교육과정과 학교 교육과정을 따라 수행되는 평면적 지식과 정보의 전달 수업이 교실에서 이루어졌다. 근대학교는 존재하는 지식을 주입하는 데 집중해 왔다고 해도 과언이 아니다. 즉 인쇄매체인 교과서에 기반한 기초 지식에서 출발하여 세부 지식으로 진행되는 지식 중심의 전 방향식 교육, 선형적, 평면적, 객관적 지식 중심의 교육이 이루어졌다. 교수(teaching) 중심의 근대학교에서는 더 많은 지식을 가진 전문가인 교사가 우월적 지위와 역할을 가질 수밖에 없게 되었다. 근대학교에서는 아이의 개별성, 주체성, 창의성은 사라지고, 표준화된 틀 안에 익숙한 객체화된 존재가 모범생이 될 수밖에 없는 구조였다. 우리는 여전히 모범생을 키우는데 총력을 다하고 있지만, 제4차 산업혁명이라는 거대한 변화는 우리에게 '모범생'이 더 이상 사회적으로나 개인적으로 통용되는 진리가 아니며, 새로운 교육 패러다임이 필요한 시대가 도래하였음을 알리고 있다.

학교교육 패러다임에 익숙한 부모세대

"왜 부모들은 우리 아이들을 순위 경쟁에 밀어넣고 있는가?" 이러한 현상은 가정과 학교, 사회의 모든 영역에서 여전히 근대사회의 '모범생 패러다임'이 자리잡고 있으며, 이러한 패러다임은 이를 시행하는 이해단체의 기득권과 관계가 있다. 학교는 예전이나 지금이나 아이들이 인생의 어느 순간부터는 가장 오래 머무는 공간인데, 과연 그 공간에서 함께 하면서 행복해할까? 이러한 질문에 우리는 어떤 대답을 할 수 있을까? 어릴 적 선생님에게 참 많이 들었던 어깨동무라는 말이나 행위가 요즘 아이들에게는 어떨까 싶다. 우리는 각자도생이 익숙한 개인화된 사회에서 살고 있는데, 이는 근대사회를 넘어 지금 사회의 모습이다. 세계화의 맥락은 지구촌을 만들었고, 이제 우리는 국가적 위기뿐만 아니라 지구적 위기를 함께 헤쳐나가야 할 운명을 가진 동반자들이다. 어느 때보다 '더불어', '함께', '협력', '상생', '호혜', '연대'가 중요한 시대이다. 이러한 가치들을 아이들은 어디에서 배우고 익힐 것인가 묻는다면, 우리는 제일 먼저 학교를 떠올릴 것이다. 그런데 학교는 어느 곳보다 치열한 경쟁의 장이 되고 있다.

우리나라 부모세대의 교육열은 세계적으로 유명하다. 이 교육열이 대한민국의 오늘을 만드는 요인으로 작용했음을 부인할 수는 없다. 부모세대에게 학교에 대한 기억을 물어보면, 대부분 고개를 절레절레 흔드는 모습을 보여준다. 부모세대들 역시 학교가 재미있고 행복한 공간이 아니었다는 것이다. 그럼에도 부모세대는 "자녀세대의 더 좋은 미래를 만든다"는 명분으로 모든 열정과 노력을 학교교육과 사교육에 쏟아내고 있다. 2022년에는 우리나라 사교육비 총액이 22조로 나타났다. 엄청난 수치이다. 이는 어느 나라보다 빠르게 초고령 사회로 달려가고 있는 우리나라의 부모세대에게 중대 과제인 노후준비가 제대로 안 되고 있음을 반증한다. 아마도 지금 부모세대의 노후 문제는 향후 사회문제화될 가능성이 있다.

근대학교의 출발은 교육의 평등이라는 차원이었다. 그래서 우리는 "개천에서 용난다"는 믿음을 갖고 학업에 매달렸고, 1990년 이전 많은 이들이 사회적 이동을 통해 그 꿈의 실현을 선보였다. 지금은 어떠한가. 좋은 대학에 보내려면 '할아버지의 재력, 아버지의 무관심, 어머니의 정보력'이라는 말이 떠돌고 수저논쟁이 확산될 정도로 오히려 선택적이고 엘리트주의적 교육으로 변화되었다. 제도적으로는 학교교육을 신봉하지만, 의식적으로는 사교육에 대한 신뢰가 높아진 지금 우리는 공교육의 붕괴 모습을 곳곳에서 보고 있다. 더 이상 기존의 학교교육으로는 여러 변화를 해결해 나갈 수 없음이 자명하다. 최근 정부는 사교육으로 인한 결과의 차등이 발생하지 않도록 하기 위해 노력하고 있다. 그러나 이러한 것이 정부가 해야 하는 모든 것일까? 이제는 이러한 근대적 개념의 교육이 아니라 아이도 부모도 행복한 교육이 이루어지고 사교육에 매진하지 않는 환경을 만들어야 한다.

부모세대가 가지고 있는 교육에 대한 패러다임은 근대산업사회에서 배태된 학교교육 패러다임이다. 부모세대에게는 학교교육이 철저하게 개인의 노력과 능력이 우선이며, 우수한 학업성적은 일류대학으로 진입하게 하며, 일류 대학 진입은 좋은 직업과 미래의 성공을 담보하는 '능력 이데올로기'가 작동하고 있다. 우리는 학업성적이 뛰어나면, 일류 대학을 나오면, 학위가 높으면 능력이 우수하다고 생각한다. 이는 근대산업사회의 틀이다. 이제 우리는 "무엇을 능력으로 볼 것인가?"에 대한 깊은 성찰이 필요하다. 산업사회에서의 핵심 능력인 3R's로 할 수 있는 일들을 이제는 인공지능이 대신하고 있다. 기계가 사람의 손과 발을 대신하는 것에서 넘어서 생각까지도 대체하고 있다. 따라서 지식을 암기하고, 암기한 지식을 기반으로 문제를 푸는 교육은 맞지 않다고 본다. 사람이 암기하는 지식의 양보다 훨씬 방대한 양을 인공지능이 기억하고 이해하고 있기에 이제 사람에게 필요한 것은 지식을 많이 아는 것보다는 방대한 지식을 어떻게 잘 활용할지, 즉 인공지능에게 어떤 질문을 해서 내가 원하는 바를 끌어낼 수 있는지가 중요하다.

기존의 지식중심 교육과정이 아닌 새로운 교육에 대한 방향 전환이 필요하다. 예전처럼 단선형적 구조가 아니라 순환형 구조가 되어야 한다. 학교교육에서 교과서를 중심으로 한 인쇄지식은 근대산업사회에서 전문가라 불린 특정한 집단에 의해 생산되고, 유통되었으며, 전문가에 의해 생산된 지식의 일부가 교사를 통해 아이들에게 전달되었다. 하지만 디지털 네트워크 지식과 정보는 누구나 생산하고, 누구나, 언제나, 어떤 방식으로나 접속하여 활용하고, 곧바로 새로운 지식과 정보를 추가하거나 창조해 낼 수 있는 체제를 성립시켰다. 이제 아이도 지식인이 되거나 될 수 있는 시대가 도래한 것이다.

인간의 수명은 길어졌지만, 지식정보의 수명은 어느 때보다 단명하는 시대이다. 미래학자 버크민스터 풀러(Buckminster Fuller)는 인류의 지식이 1900년까지는 100년마다 두 배로 증가했는데, 1945년경까지는 25년마다, 그리고 현재는 거의 매년 두 배로 증가하고 있고, 2030년 이후에는 3일마다 인류 지식의 총량이 두 배로 증가할 것이라고 예측했다. 이처럼 지식과 정보가 무한대로 팽창하고, 삶의 모습은 시시각각으로 변화하는 현대사회에서 미래세대에 대한 교육은 어디에서 어떻게 이루어져야 할까? 늘 사회의 변화는 새로운 교육을 요구한다.

이제 우리는 태어나서 죽을 때까지 평생 학습해야 한다. 이를 위해 그동안 우리 사회가 갖고 있던 교육에 대한 틀을 바꿀 필요가 있다. 토마스 쿤(Thomas Kuhn)은 『과학혁명의 구조』에서 패러다임의 전환은 매우 어려운 일이라고 강조했지만, 우리에게는 고정화된 교육에 대한 패러다임 전환이 필요하다. 『제3의 물결』 저자인 앨빈 토플러(Alvin Toffler)는 "21세기의 문맹인은 읽고 쓰고 셈하기를 못하는 사람이 아니라 학습하고(learning), 버림의 학습을 하고(unlearning), 재학습을(relearning) 하지 못하는 사람"이라고 하였다. 제4차 산업혁명 사회에 맞지 않는 학교교육에 대한 고정틀을 이제는 과감하게 던질 수 있는 부모세대가 되어야 한다. 21세기 미래세대가 행복하게 살아갈 수 있는 세상을 만들기 위해서는 20세기

부모세대의 교육 패러다임에 대한 성찰과 함께 '미래 세상과 교육 알기'가 필요하다.

미래세대와 평생학습패러다임

'제4차 산업혁명'은 디지털 사회를 이끌었고, 우리 교육의 핵심과제는 '디지털 역량 함양'이 되었다. 기술이 발달한 미래사회의 직업세계에서 몇백만 또는 몇천만 개의 일자리가 사라질 것이라는 전망이 떠돌면서 미래사회는 희망보다는 두려움과 암울한 인상을 주는 세계로 다가왔다. 불안한 미래사회에 대응하기 위해서 교육이 선제적으로 무엇인가를 해야 한다는 요구가 사회 전반으로부터 있었고, 그 요구에 대한 교육계의 대답은 '제4차 산업사회에 대응하는 교육'이었다. 여기서 중요한 것은 '제4차 산업사회'라는 미래를 어떻게 규정할 것인지, 그 미래사회는 인간에게 어떤 역량을 요구하고 있는지, 그 역량을 기르기 위해서 교육이 무엇을 할 것인지, 이를 위하여 가정, 학교, 사회, 국가는 무엇을 할 것인지에 대한 고민이다.

OECD는 미래 인재를 양성할 교육패러다임을 제시하기 위해 2015년부터 교육2030 프로젝트를 시작하였다. OECD는 미래교육을 위한 역량을 '학습나침반 2030'으로 제시하였다. 학습나침반이란 '학습자가 자신의 잠재력을 실현하고 지역 사회와 지구의

복지에 기여하는 데 필요한 지식, 기술, 태도 및 가치'로 정의된다. 나침반이라는 용어는 학생들이 익숙하지 않은 상황 속에서 스스로 길을 찾는 법을 배워야 한다는 점을 강조하기 위해 사용하였다. 학습틀로 기대(예상, Anticipation)단계-행동(Action)단계-성찰(Reflection)단계의 순환과정을 제시하였다. AAR(예상-행동-반성) 주기는 학습자가 지속적으로 자신의 생각을 개선하고 집단 복지를 위해 의도적이고 책임감 있게 행동하는 반복 학습 과정이다.

기대(예상)단계에서 학습자는 자신의 능력을 사용하여 행동의 장·단기 결과를 예상하고, 자신의 의도와 타인의 의도를 이해하고, 자신과 타인의 관점을 넓히며, 행동단계는 학습자가 웰빙을 위한 조치를 취하는 단계이다. 마지막 성찰 단계에서 학습자는 생각을 향상시켜 웰빙을 향한 더 깊은 이해와 더 나은 행동으로 이어지게 된다. 이를 위해 학교는 배운 것을 미래의 삶으로 연결하는 역량을 키워내야 한다. 즉 전 생애주기에 걸친 역량 향상과 재교육·훈련이 필요하다. 이는 평생학습 역량이며, 평생교육 시스템에 의해 지원되어져야 한다. 이제는 평생학습 패러다임의 시대이다.

이러한 차원에서 아동 교육은 성인교육뿐만 아니라 노후까지 이어지는 평생교육적 관점에서 이해될 필요가 있다. 평생교육의 관점에서 아동교육은 아동이 성인으로 성장하는 데 필요한 신체적, 인지적 능력을 키우는 한편, 서로 간의 소통과 협력의 중요성을 습득하는 또 다른 영역의 교육이다. 성인은 사회적 기여를 통해 생활을 영위함과 동시에 자신의 삶을 풍족하게 하려는 목적이 있다. 따라서 아동교육은 각 단계 교육의 목적에 부합한 행정적·사회적 인식과 지원이 필요하다. 그냥 아이들을 안전하게 보호하는 것은 교육기관의 역할이 아니고, 평생교육의 개념에도 한참 벗어나 있다.

디지털 사회에서 교육의 장은 학교만으로 국한해서는 안 된다. 인간은 배움의 유전자를 갖고 태어난다고 해서 '호모 에루디띠오', 즉 학습하는 인간이다. 배움과 익힘이 학습인데, 그동안 학습은 학교교육을 통해서만 이루어지는 것으로 인식되었다. 그러나 디지털 세상인 지금의 학습은 태교-영·유아-아동·청소년-청년-중·장년-노년에 이르기까지 전 생애에 걸쳐 가정-학교-지역사회-사이버(온라인)의 전 사회 안에서 이루어지는 평생학습의 맥락에 있다.

인간은 원하지 않아도 이제 평생학습의 바다 안으로 풍덩 떠밀려 들어갔다. 평생학습을 피할 수 없으며, 어느 때보다 자기 주도적 학습이 중요할 수밖에 없다. 즉 평생학습을 하지 않으면 살아갈 수 없는 시대이다. 그런데 학습에의 자기주도성은 기존의 학교교육시스템으로는 어렵다. 기존의 교육 중심(Teaching)에서 학습 중심(Learning)으로 변화되었고, 그 과정에 사고(Thinking)와 실천(Action)이 중요하게 되었다.

이러한 맥락에서 교육현장에서 교사의 역할 역시 변화될 수밖에 없다. 근대학교의 주요 역할을 담당하는 교사는 잘 정리된 교육과정 상의 지식과 정보를 학생에게 잘 전달하는 교육의 주체였다. 하지만 미래학교는 학생이 주도적으로 지식과 정보를 활용하고 재생산하는 과정이 중심이며 교사는 학습촉진자, 조력자, 관계형성자로서 주된 역할을 하게 될 것이다.

미래세대인 우리 아이들은 디지털 사회에서 '디지털 원주민(digital native)'이다. 이들은 태어날 때부터 디지털 정보를 다루고 스마트 기기를 통해 세상을 경험하면서 이들의 능력은 디지털 스마트 기기와 떼어서 생각할 수 없다. 원래 인간의 능력은 육체적, 정신적 능력과 그늘이 사용하는 도구의 결합으로 이루어진다. 그동안 '무엇을 아는가'를 중심으로 '주는 교육'을 해왔다면 오늘날 지식정보화 사회에서는 '무엇을 할 수 있는가'를 중심으로 수행역량을 기르는 것이 필요하다. 즉 스스로 살아갈 힘을 끌어내는 교육이어야 한다. 따라서 학습중심의 미래학교는 무한한 지식과 정보의 바다에서 더 빠르고 정확하게 검색하고 필요한 곳에 적절하게 활용할 줄 아는 학습자 중심으로 운영돼야 한다. 배워서 일하는 것이 아니라, 활용하고 적용하면서 배우는 시대이다. 미래교육은 활용과 실천의 플랫폼으로 구성되어야 하며, 부모세대는 우리 아이들의 자기주도적 평생학습 역량 키우기에 노력을 기울여야 한다. 이제 '공부하러 가자' 하면 집으로 가고, '놀러 가자' 하면 학교로 가는 시대가 될 것이다.

미래 인재(人才)의 토대는 어릴 적 교육으로부터

아동기의 탄생과 의미

농경 사회에서 근대산업사회로 변화되면서 아동과 청소년이 탄생하였다. 필립 아리에스(Philippe Aries)는 『아동의 탄생』에서 서구의 근대화 과정에서 아동과 청소년이 탄생하였음을 구체적 사례를 제시하면서 설득력 있게 보여준다. 물론 중세사회에서도 아동의 실체는 있었으나 작은 어른으로 취급되어 어린이를 위한 무엇이 별도로 존재하지 않았다는 것이다. 즉 아동기에 대한 의식은 존재하지 않았다. 근대사회로 들어가면서 아동기에 대한 의식이 나타났고, 이는 아이의 독자성에 대한 의식과 일치한다. 이러한 독자성은 아이는 어른이나 젊은이와 본질적으로 구분된다는 것을 의미한다. 우리나라는 오히려 서구보다 먼저 어린이라는 존재의 중요성을 강조했던 역사를 갖고 있다. '어린이'라는 용어를 처음으로 사용한 소파 방정환은 '어린이'라는 용어를 '늙은이', '젊은이'라는 용어와 대등한 의미로 사용하기 위해 만들었다고 하였다. 이는 어린이를 비하하거나 낮추어 지칭하는 것이 아니라 존중하여 부르자는 의미라고 볼 수 있다. 우리나라가 서구 근대의 어린이관에 존재하지 않던 어린이의 인격과 권리에 대한 개념이 먼저 있었다는 점은 아주 고무할 만하다.

아동기 탄생의 의미는 아동의 개별성이 존중되는 독자적인 존재로 전환되었다는 것이다. 그런데 학교교육의 제도화와 능력주의 이데올로기로 인해 입시문화가 아이들에게까지 영향을 미치면서 학원으로 내몰리는 아이들에게서 개별성, 독자성, 주체성은 찾기 어렵게 되었다. TV 프로그램의 대사가 떠오른다.

> "하나, 어린이는 지금 당장 놀아야 한다. 둘, 어린이는 지금 당장 건강해야 한다. 셋, 어린이는 지금 당장 행복해야 한다."

이는 어른인 우리에게 아이들에 대한 많은 생각을 하게 한다. 제4차 산업혁명 사회의 변화는 다시 아이들의 개별성이 존중되어야 하며 권한을 되찾아줘야 한다고 요구하고 있다.

디지털 사회와 인재상

21세기 사회가 되면서 제4차 산업혁명시대는 디지털 사회를 우리에게 가져왔고, 이는 우리 삶의 모든 영역에 변화를 촉발하였다. 무엇보다 '새로운 인재상'에 대해 끊임없이 논의하게 하였다. 여전히 새로운 인재상에 대한 통일된 기준은 없지만, 일반적으로 '창의적 인재'를 꼽을 수 있다. 과연 창의적 인재는 누구이며, 어떤 역량을 가져야 하는가? 그리고 창의적 인재는 어떻게 만들어지는가? 이에 대한 명확한 답은 아직 없다. 21세기 사회는 급변하고 있고, 교육은 이 변화를 따라가지 못하고 있다. 따라서 현재의 학교교육시스템과 학교교육 패러다임으로는 쉽지 않음이 분명하다.

'제4차 산업혁명'이라는 용어를 처음으로 사용한 클라우드 슈밥(Klaus Schwab)은 미래사회의 리더 역량으로 네 가지 지능을 제시하였다. 이는 미래 세대에게 길러줘야 할 핵심역량이라고 할 수 있다. 첫째, '상황 맥락지능'이다. 이는 인지한 것을 잘 이해하고 적용하는 능력으로 총체적이고 유연한 의사결정 능력, 경계를 허물고 네트워크를 형성하여 효과적인 파트너십의 발휘하는 능력을 포함한다. 둘째, '정서 지능'이다. 생각과 감정을 정리하고 결합해 자기 자신 및 타인과 관계를 맺는 능력이다. 이는 협력의 제도화, 계층구조의 수평화, 새로운 아이디어 독려-디지털 사고방식을 추구한다.

셋째, '영감 지능'이다. 이는 변화를 이끌고 공동의 이익을 이끌기 위해 개인과 공동의 목적, 신뢰성, 여러 덕목 등을 활용하는 능력이다. 의미와 목적에 대하여 끊임없이 탐구한다. 영감 지능은 공유가 핵심이며, 사람들에게 공동운명체에 대한 새로운 공공의 도덕의식을 부여한다. 넷째, '신체 지능'은 개인에게 닥칠 변화와 구조적 변화에 필요한 에너지를 얻기 위해 자신과 주변의 건강과 행복을 구축하고 유지하는 능력이다. 큰 압박감 속에서도 평정심을 유지하는 능력, 복잡한 문제에 대응하는 강한 배짱을 포함한다.

특히 제4차 산업혁명을 통해 단순한 정보와 지식, 기술을 활용하여 해결할 수 있는 작업은 자동기계, 로봇, 인공지능 등으로 빠르게 대체되고 있는 시대에 근대학교에서 중점을 두고 가르쳤던 지식 내용은 이제 그 유용성 상실했다. 로봇이나 인공지능과 달리 인간이 할 수 있고, 또 해야 하는 일은 주변의 상황에서 인간의 삶과 공동체 번영을 위해 해결해야 하는 문제, 충족해야 할 욕망을 찾아내고, 그 문제를 자신의 과제로 여기며, 그 과제를 해결하기 위해 창의적이고 혁신적인 도전을 수행하고, 사회를 위해 새로운 가치를 창출할 수 있는 역량이 절실한 시대가 되었다. 그리고 그런 역량을 넓고 깊게 지닌 사람들이 제4차 산업혁명 시대, 로봇과 인공지능의 시대를 활기차게 살아갈 수 있는 인간일 것이다. 미래에 잘 준비된 아이는 혁신적 변화 추구자다. 유연함, 기업가 정신, 책임감, 적응성, 혁신성, 창의성 등은 모두 실천역량의 핵심 요소들이지만, 무엇보다 자기 주도성, 스스로 동기부여 하는 역량이 매우 중요하다. 자기 주도성과 자발성은 성찰적 사고력과 밀접히 결합하여야 만 의미있는 역량이 된다. 모든 교육은 실천역량 중심으로 재설계되어야 하고, 모든 역량의 중심에는 학습 역량이 있어야 한다. 배우고 익히는 힘이야말로 가장 중요한 실천역량이다.

OECD(2005)는 'DeSeCo(Defining and Selecting Key Competencies)' 프로젝트에서 성공적인 삶을 위한 핵심역량을 크게 세 가지로 범주화하여 제시하였다. 첫 번째 범주는 '자율적으로 행동하기'이다. 여기에는 자신의 권리, 제한점, 욕구를 정확하게 파악하고 그에 따라 행동하는 능력, 인생의 계획을 기획하고 실행하는 능력, 그리고 다양한 상황과 관계를 분석하는 능력이 포함된다. 두 번째 범주는 '도구를 활용하기'이다. 이는 다양한 기술을 활용하여 목표를 달성하거나, 정보와 지식을 수집하고 분석하여 활용하는 능력, 기본적인 문해력과 수리력을 의미한다. 세 번째 범주는 '사회적 이질 집단과 협동하기'이다. 이는 타인과의 관계 형성, 갈등 관리 및 해결, 집단에서의 협력과 참여 등에 중점을 두는 것이다. 2019년에는 'OECD 학습나침판 2030'에서 교육의 목적을 '개인과 사회의 웰빙', '학생 행위주체성'에 두고 '학습자의 주도성(Student Agency)'과 '협력적 주도성(Co-agency)'을 강조하였다. 학습자 스스로 학습의 주체가 되어, 자신의 학습을 주도하는 능력과 교사, 학부모, 지역 사회와 같은 사회적 맥락 안에서 협력하는 것이 중요하다는 것이다. 특히 학습자의 주도성을 발전시켜 나가기 위해서는 '핵심적인 기초(core foundations)'가 필요하며, '지식, 기술, 그리고 태도와 가치'가 이러한 핵심적인 기초에 포함된다는 것이다. '변혁적 역량'으로 새로운 가치 창출하기, 긴장과 딜레마 조정하기, 책임감 갖기 등을 제시하고 있다.

디지털 사회는 스마트폰 없이 살기 어려운 사회이다. 영국 주간지 이코노미스트(The Economist)에서 스마트폰에 의해 삶이 변화될 것을 예측하여 '포노 사피엔스(Phono Sapiens)'라는 용어를 사용하기 시작하였다. 전 세계 대다수가 스마트폰에 의존하는 삶을 살게 된다는 뜻이다. 유발 하라리(Yuval Noah Harari)는 디지털 네트워크 지식과 정보 환경에서 '큰 그림을 그리는 능력'이 중요하다고 역설하였다. 그림을 그리는 역량의 핵심은 그리고 싶은 그림의 종자, 핵심 개념과 관점을 확보하고 그를 중심으로 주변을 재구성하는 역량이다. 이것은 다차원 그물망 구조로 지식과 정보를 다룰 줄 아는 포노사피엔스 학습법에 가장 적합한 사고방식이다. 이를 위해 가정과 학교가 포노사피엔스들인 미래세대 우리 아이들에게 해야 하는 가장 중요한 일은 지식과 정보를 제대로 이해하고, 경중을 가릴 줄 알며, 다양한 지식과 정보를 자신의 문제의식에 따라 자신의 세상에 관한 큰 그림을 그려내는 역량을 키우게 하는 일이다. 포노사피엔스들은 이전 세대처럼 읽어서 배우는 방식이 아니라 스스로 실천하는 과정에서 관련된 사람들과 함께 문제를 해결하면서 배우는 방식으로 학습한다. 즉 자신이 관심과 흥미를 갖고 소질과 재능이 있어서 자신이 잘할 수 있는 것을 찾아서 직접 해보면서 그 과정에서 지식과 정보를 습득·활용하면서 학습하게 되는 것이다.

또한 디지털 전환에 대응하는 디지털 역량과 안전한 디지털 활용을 위한 디지털 시민성이 강조되고 있다. 디지털 시민성(Digital Citizenship)은 '디지털 혁명의 시대에 시민이 더 책임감 있고 역동적으로 참여할 수 있는 역량'을 의미한다. 디지털 기술의 발전은 인류에게 상당한 기회와 이익을 가져다주었지만, 사이버 괴롭힘이나 온라인 범죄와 같은 일련의 사회적·윤리적 문제 또한 증가하고 있다.

그동안 우리나라 교육은 '성공 이데올로기' 하에서 지식교육에 치중함으로써 인간존중이 아니라 수단과 방법을 가리지 않고 경쟁의 사다리 꼭대기에 오르면 되는 훈련을 해왔다고 해도 과언이 아니다. 다수가 행복해지는 사회가 아니라 소수 지식전문가를 키워내고, 그들이 지위계층의 상부를 차지하는 구조를 만듦으로써 교육격차를 더욱 심화시키는 결과를 가져왔다. 마이클 샌델(Michael J. Sandel)은 그의 저서 『공정하다는 착각』에서 능력주의의 문제를 비판한다. 능력주의는 예전 귀족과 같이 출신 신분이나 재산 대물림이 아니라 능력을 증명하는 학력주의로 이어진다. 학력이 능력을 대변하면서 성공한 사람은 본인의 노력으로만 성공하였기에 성공한 자로서의 충분한 보상을 누릴 수 있다는 오만에 빠지게 되고, 반면 그 성공에 실패한 사람은 스스로 굴욕과 분노를 야기한다는 것이다. 그는 근본적인 인간의 욕구가 공동생활을 하는 사람들에게 필요한 존재가 되는 것이기에 공동선과 관련한 일의 존엄성이 중요하며, 이의 바탕이 되는 인성이 실력임을 강조한다.

21세기 '창의적 인재'가 갖춰야 할 역량은 다양하다. 어떤 역량이 더 중요하나, 덜 중요하냐의 문제에 대한 논의는 큰 의미가 없다. 중요한 것은 근대산업사회에서 요구했던 인재상과는 분명 다르다는 것이다. 창의적 인재의 토대가 되는 역량은 그동안 간과되어왔던 '인성과 태도'라는 것을 강조하고 싶다. 디지털 대전환을 경험하면서 '인간다움'이 부각되고 있는 것도 인성에 대한 사회적 고민이 늘어나고 있음을 의미한다. 앞으로 인공지능이 더욱 발전하면 지식과 기술의 개인 간 격차가 줄어들게 될 것이고, 전체 역량을 조화롭게 갖춘 최고의 인재를 완성하는 요인은 결국 인성과 태도가 될 것이다.

인성과 태도가 진짜 실력

'세 살 버릇 여든까지 간다'는 속담이 있다. 사람이 변한다는 건 죽기보다 어렵다는 말처럼 들린다. 그만큼 기본이 중요하다는 의미일 것이다. 국어사전에 의하면 인성(人性)은 '사람의 성품, 다른 사람과 구별되는 사고와 태도 및 행동의 특성'으로, 인간다움의 기본바탕이며 성품이다. 유교에서는 인간만이 가지고 있는 어떤 것을 인간의 본성으로 보았고, 맹자는 짐승과 다르게 인간이 지닌 인의예지(仁義禮智)를 인간다움의 시작이라고 했다. 서양 철학자 플라톤은 욕망, 지식, 감정이라는 세 가지 요소로부터 인간다움이 비롯된다고 정의하기도 했다. 인성(人性)은 인간다움을 의미하기도 하기에 영어로는 'humanity'로 번역한다. 태도(態度)는 '어떤 일이나 상황에 직면했을 때 가지는 입장이나 자세, 어떤 대상을 대했을 때 드러나는 표정이나 몸짓'으로 정의된다. 태도는 인성의 영향을 받으며, 행동으로 표출된다.

인성과 태도는 어린 시절부터 누적되어 오랜 시간에 걸쳐 형성된다. 이는 아이에 의해 저절로 만들어지는 것이 아니라, 사회화 과정에서 교육을 통해 형성된다. 아이의 바른 인성 함양은 아동교육의 본질이다. 이는 아이가 태어나서 초기 사회화가 이루어지는 가정에서의 시작된다. 이때 부모의 역할은 매우 중요하다. 부모가 자녀에게 말로만 하는 인성교육은 오히려 부작용이 있을 수 있다. 가장 효과적인 인성교육은 자녀에게 올바른 인성을 몸소 보여주고 실천하는 데 있다. '콩 난데 콩 나고 팥 난데 팥 난다'라는 속담을 보면, 부모 역할의 중요성을 알 수 있다. "나는 부모로서 우리 아이에게 어떤 모습을 보여 줄 것인가? 어떤 모습을 보여주고 있는가?"에 대한 성찰이 필요하다. 이러한 맥락에서 최근에는 다양한 부모교육 프로그램이 실행되고 있으며, 부모도 변화하기 시작했다. 그러나 아직도 많은 부모는 학교교육패러다임에 매몰되어 우리 아이들을 능력주의 이데올로기로 내몰고 있다고 하겠다.

우리 사회 가정의 모습을 들여다보자. 대가족에서 핵가족으로 자녀 수도 1~2명으로 점차 줄어들었고, 약 20여 년간 이 수도 점차 줄어 초저출산국이라는 타이틀을 거머쥐는 사이에 가정교육이라는 단어가 자취를 감췄고 인성교육은 흔들렸다. 그러는 사이 아이들의 인성은 망가져 갔다. 이의 결과로 극도의 개인주의와 이기주의가 아이들에게 팽배해졌고, 타인에 대한 배려나 공감, 이타성, 더불어 함께 살아가려는 모습은 찾아보기 어렵게 되었다. 아이들이 친구를 죽음으로 몰고 갈 정도로 괴롭히고 그 정도로 잔인하고 몰인정한 행동을 하는 가해자가 아직 소수라고 하지만 나머지 아이들은 그런 비인간적인 행동을 보고서도 못본 척하는 방관자가 되었다. 가장 기초적인 인성교육의 장이 사라지니 인성이 다음 세대로 전달되지 않는 것은 당연하다. 초 저출산율 시대에 아이들 하나하나가 무척이나 소중함에도 문제를 일으키는 아이들 개인에게만 탓을 돌리는 사회가 되었다. 그리고 아이들의 문제는 심각한 학교폭력문제로 나타났고, 더 나아가 사회문제가 되었다.

이러한 흐름 속에서 국가가 아이들의 인성교육을 위해 나섰다. 우리나라는 전 세계에서 최초로 2014년 12월 '인성교육진흥법'이 국회를 통과하면서 인성교육을 의무로 규정하였으며, 학교가 대신 인성교육의 장이 되었다. 이 법률에서 정의한 인성교육이란 '자신의 내면을 바르고 건전하게 가꾸고 타인·공동체·자연과 더불어 살아가는 데 필요한 인간다운 성품과 역량을 기르는 것'을 목적으로 한다. 인성교육의 주제로는 예절, 효도, 정직, 책임, 존중, 배려, 소통, 협동 등 8가지를 제시하고 있으며, 인성교육의 목표는 핵심 가치와 덕목을 적극적이고 능동적으로 실천 또는 실행하는 데 필요한 지식과 공감·소통하는 의사소통능력이나 갈등해결능력 등이 통합된 능력인 핵심능력을 함양하는 것이다.

인성교육의 기본방향으로는 세 가지를 제시하고 있다. 첫째, 인성교육은 가정 및 학교와 사회에서 모두 장려되어야 한다. 둘째, 인성교육은 인간의 전인적 발달을 고려하면서 장기적 차원에서 계획되고 실시되어야 한다. 셋째, 인성교육은 학교와 가정, 지역사회의 참여와 연대하에 다양한 사회적 기반을 활용하여 전국적으로 실시되어야 한다. 이 법에 따라 유치원과 초·중·고등학교에서는 매년 인성교육계획을 수립하여 교육을 실시하고, 핵심 가치·덕목을 중심으로 교육과정을 편성·운영하여야 한다.

인성교육진흥법의 제정으로 교육현장에서 인성교육이 실행되고 있음은 고무할 만하다. 그러나 "학교현장에서 실질적인 인성교육이 이루어지고 있는가? 아니 이루어질 수 있는가? 일회성 또는 단기성으로 어쩌다 이루어지는 인성교육으로 아이들이 올바른 인성을 함양할 수 있을까?"에 대한 질문을 해보면 긍정적으로 답하기 어렵다. 이제는 형식적인 인성교육이 아니라 실질적이고 실제적인 인성교육이 이루어져야 한다. 인성교육진흥법에 규정된 교육기관에서 '세 살 버릇'이라는 속담에 나오는 '세 살'의 아이들은 배제되어 있음을 상기할 필요가 있다.

4차 산업혁명시대를 살아가는 우리는 이제 물질적 풍요에서 정신적 풍요로의 인식 전환이 필요하며, 우리 인간이 가장 인간다움을 나타내는 '인성'이라는 소중한 가치를 회복하고 이를 함양하는 데 힘써야 한다. 인성교육은 우리의 삶이 이어지는 모든 시간과 삶이 펼쳐지는 모든 공간을 망라해서 노력을 경주해야 할 과제라는 인식을 가져야 할 것이다.

2

‘아이’라고 쓰고,
‘대한민국의 미래’라고 읽는다

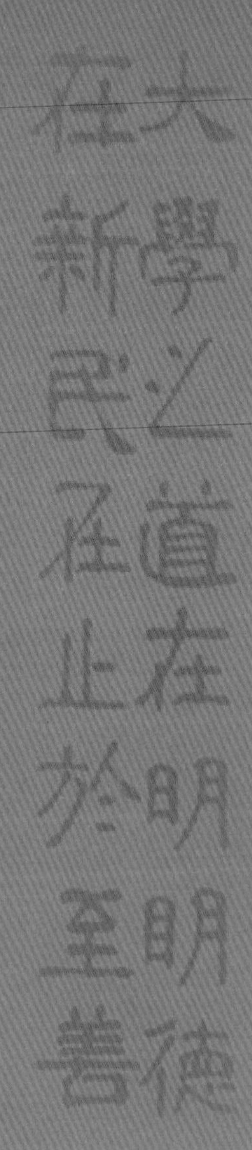

大學之道 在明明德(대학지도 재명명덕)
在新民 在止於至善(재신민 재지어지선)
: 큰 배움의 길은 밝은 덕을 밝히는 데 있고,
백성을 새로이 향상시키는 데 있으며 지극한 선에 머무는 데 있다.

아이의 탄생이 가지는 의미

생명의 경이로움은 아주 희박한 확률의 한 남자와 한 여자의 만남, 잉태 그리고 이러한 생명의 메커니즘 속에서 자라난 생명의 탄생 등 상상하기 어려운 거대한 역사와 생물학적, 사회적 환경 속에서 가치를 가진 작은 씨앗이 커다란 나무와 같이 자라난다는 것이다. 이들은 부모가 어렵게 그려내지 않아도 부모의 외적 모습이나 조부모의 모습 등을 담아 우리에게 다가오고, 자라나면서 가르치지 않아도 우리의 모습과 습관을 흉내내기도 한다. 또한 탄생과 함께 겪는 육아의 고통은 아이의 미소나 웃음소리와 함께 눈 녹듯이 사라지는 신기함도 있다.

언젠가 딸이 자신이 언제, 어떻게 태어났는가를 묻는 질문에 아무 생각 없이 "엄마 아빠는 두 명의 아이를 가지는 것을 원했고, 오빠가 태어난 뒤 한 아이를 가졌는데 어떤 이유에서인지 유산을 해서 네가 다음으로 태어났고, 그동안 기다렸던 딸이라 행복했어"라는 이야기를 한 적이 있었는데, 그 말은 들은 딸이 "그러면 나는 세상에 태어나지 못할 수도 있었네"하는 이야기를 듣고 깜짝 놀랐던 적이 있다. 나는 딸이 예쁘게 커서 기쁘다는 의미로 이야기한 것이었지만, 딸은 세상에도 나오지 못할 수도 있었겠다는 생각을 한 것이었다. 이후 내가 한 이야기를 곰곰이 되짚어보면서 한 사람이 태어나고, 인연이 맺어진다는 것이 얼마나 경이롭고 소중한 것인가를 다시 한번 생각하게 되었다.

지나고 보면 수많은 사람 중에 한 남성과 여성이 우연히 만나고, 남성과 여성이 평생 방출하는 평균 5천여 개의 정자와 450개의 난자 중에서 몇 개만 결합하여 생명을 이루며, 이러한 생명체가 10달이라는 기간을 거쳐 우리에게 온다는 것은 확률로 희박한 마치 기적과 같은 일이다. 특히 이들은 우리 선조들이 내게 물려준 다양한 정보와 신체를 가지고 태어나고 또 다른 사람을 만나 이러한 정보를 이어간다는 점을 고려하면, 우리는 희박한 확률로 동일한 시간과 공간 속에서 함께 하는 소중한 존재라는 점을 알게 된다. 아이는 부모의 육신을 통해 세상에 나온 존재이지만 한편으로 오래전 우리 조상이 전한 모든 것을 받아 내가 그러했던 것처럼 세상에 나왔고 나와 함께 살아가는 존재이다.

부모는 자신이 경험하면서 겪었던 세상의 일을 아이가 겪지 않고 좀 더 나은 삶을 살도록 하겠다는 생각을 가지고 아이에게 그간의 겪었던 일뿐만 아니라 겪지 않고 들었던 일까지 전하려고 한다. 이러한 부모의 인식 속에는 아이를 '축소된 성인'으로 인식하는 경향이 있다. 이러한 오해가 아이도 힘들고, 부모도 힘든 상황을 만드는 것이다.

아이의 성장 특성과 교육

아동 교육의 특이성

과거 아동을 성인과 같은 인지를 가진 인간으로 보는 시각이 있었다. 이러한 시각에서 보는 아동은 성인보다 작은 크기를 가진 개체이며, 인지력과 지식도 그러한 크기와 비례해서 보는 시각이다. 그러나 최근 이러한 개념은 부적합한 인식이라는 것이 일반화되었다. 아동은 사물에 대한 인식으로부터 자신의 몸을 가늠하고 행동하는 것 모두가 성인과 다른 메커니즘(mechanism)을 가진 아주 새로운 존재라는 것을 부모, 교사, 정부는 알아야 한다.

아이는 태어나서 대략 7세가 될 때까지 자기의 몸으로 들어오는 자극을 통해 세상을 경험한다. 신체적으로 아이의 감각기관은 완전히 열려있는 상태로 유아기에는 몸 전체가 감각기관으로서 역할을 하며 주변 사물을 인식하고, 체험하기 시작한다. 또한 다양한 표현방식을 습득하지 못했기 때문에 주로 행동과 울음을 통해 자신의 상태를 외부로 알리게 된다. 또한 자극에 민감하기 때문에 배가 고프거나 자극이 심할 때는 쉽게 고통스러워하고, 이러한 문제가 해결되거나 완화되면 언제 그랬냐는 듯이 만족스러운 표정을 짓고 몸짓을 한다. 그러나 많은 연구에서도 나타났듯이 아이는 균형된 사물, 사람의 모습에 더 많은 관심을 기울이는 본능적이면서 의식적인 행위도 한다.

아이의 성장은 마치 점토, 스펀치 등과 같이 주변의 자극을 받아들이며 서서히 모습을 갖추게 되고, 부모의 행위·언어의 높낮이 등을 느끼고 학습하기 시작한다. 1900년대 초 독일의 인지학 창시자인 '루돌프 슈타이너(Rudolf Joseph Lorenz Steiner)' 는 아이가 자극에 반응하고 이를 습득하는 것을 "조각되듯이 새겨진다"는 말로 표현하였는데, 3세 이하의 영아기 아이들은 성인보다 훨씬 더 많은 뉴런(neuron)과 시냅스(synapse)를 가지고 있으며, 13세 전까지의 아동들은 새로운 뉴런이 생겨나고 그것과 연결된 새로운 신경회로가 만들어진다는 것이 과학적으로 입증되었다.

그런데 이러한 뉴런은 성인이 되면서 줄어드는 것이 아니라 청소년기를 거치면서 점차 숙달·반복적이거나 생활, 직업 등과 관계되는 분야를 중심으로 시냅스가 굵어지고 그렇지 않은 부분, 즉 뇌에서 자주 사용하지 않는 부분은 약해지는 현상을 보이게 된다. 이러한 현상을 다시 정리하면 아동의 뉴런과 시냅스는 어떠한 자극을 받느냐에 따라 그러한 경로를 형성하게 되고 이는 성인으로 성장할 때 아이의 인성과 행동, 태도, 부모와의 신뢰 관계에까지 영향을 미치게 된다.

아이는 부모, 환경, 사람들과의 관계 속에서 자신을 인식한다. 즉 내가 보는 모든 사물, 사람에게 어떻게 비추어지는지, 그 안에서 내가 어떻게 위치하고 바라봐지는지를 가지고 나를 인식하기 때문에 어린 시절 받은 평가는 자아의 인식뿐만 아니라 사회적 관계에도 많은 영향을 미치게 된다. 부모가 나의 감정을 들어주고 이해하며 실수해도 나를 믿어주면 아이는 나를 좋은 사람으로 인식하지만, 부모가 지적하고 비난하거나 부정적인 느낌을 자주 주면 아이는 자신을 쓸데없는 사람으로 인식하는 경우가 많고 이러한 경험이 소위 비행 청소년을 만드는 원인이 되는 것이다. 따라서 아이에게 어떠한 양육환경을 제공할 것인가에 앞서 어떻게 관계를 형성하고, 세상을 받아들이게 할 것인가는 매우 중요한 일이라 할 수 있다. 아동교육은 이러한 인지와 관계 형성, 세상에 대한 신뢰를 쌓는 과정을 보다 과학적으로 지원하는데 초점이 맞추어져 있어야 한다.

아이들은 자신의 몸으로 들어오는 자극을 통해 좋은 것과 불편한 것을 느끼게 된다. 또한 성장하면서 자기의 몸을 가지고 할 수 있는 것과 할 수 없는 것을 배우게 된다. 즉 옆에 있는 장난감이나 고양이, 멀리 떨어져 있는 과자 등을 잡으려는 노력을 통해 어떤 거리에 있는 것을 만질 수 있는지 아닌지를 알게 되고, 바라보고, 입에 넣어보면서 그것이 무엇인지를 알게 된다. 또한 부모 등이 쓰는 언어와 표정, 동작을 통해 언어와 표현방식을 모방하고 배우게 된다. 따라서 아이의 교육은 이러한 감각기관을 보다 효율적으로 활용할 수 있도록 아이의 육체적 발달과 색과 음악적 감각 개발을 지원하고, 성장에 따라 범위를 넓혀 주변 아이들과의 관계를 보다 균형되게 만들어 주는데 초점을 맞추어야 한다. 이러한 점에서 최근 조기교육의 열풍으로 인해 아동의 올바른 성장을 방해하는 교육방식이 일반화되고, 부모는 이것이 마치 아이의 미래를 담보하는 것인 양 인식하는 것은 우려할만한 상황이다.

아동의 감각기관과 발달

인간은 다른 생명체와 마찬가지로 다양한 감각과 기능을 통해 생존하고 성장한다. 그러나 아동의 감각기관을 발달시키는 것은 동물같이 생존만을 위한 것이 아니라 전인적 성장을 하는데 바탕이 되기 때문에 매우 중요하다.

일반적으로 중요한 감각 기능은 촉각, 시각, 청각, 후각, 미각 등 다섯 가지 감각이다. 그러나 이러한 감각은 모두 같은 속도로 발달하지 않는다. 아이의 촉각과 후각, 청각은 태어날 때부터 거의 발달을 마친 상태로, 이를 통해 엄마의 냄새와 젖 냄새를 구별하고, 소리가 나는 쪽으로 시선을 돌리는 등의 역할을 한다. 청각은 태어난 순간부터 상당히 완성된 상태를 유지한다. 아기는 소리의 크기와 방향을 대충 구분할 수 있으며, 생후 며칠이 지나면 모국어의 운율과 외국어의 운율을 구분할 수 있다. 미각은 생후 2주 뒤부터 발달하기 시작한다. 생후 4개월 이전의 아기는 젖의 맛과 비슷한 단맛을 좋아하고 4개월 이후의 아기들은 짠맛에도 눈을 뜨며 다양한 맛에 대한 선호가 생기게 된다. 시각은 감각 중 가장 느리게 발달한다. 신생아는 20~25cm 거리의 물체만 불분명하게 볼 수 있는데, 이는 엄마가 아기를 안고 젖을 먹일 때 엄마의 얼굴 거리와 비슷한 거리로 아기는 엄마를 알아보는 데 꼭 필요한 정도의 시각만 가지고 태어나는 것이라 볼 수 있다.

이러한 다양한 감각은 아동이 성장하면서 함께 연결되어 인지능력과 사회적 능력을 갖추는 데 기여한다. 따라서 아동에게 중요한 것은 이렇게 다양한 감각기관을 "어떠한 방식으로 균형되게, 잘 발달시킬 것인가"이며, 아동에 대한 교육은 이러한 것에 초점을 맞추어야 한다. 향후 좋은 대학에 들어가기를 원해 아동에게 어려서부터 외국어를 공부시킨다거나 지식을 주입하는 등의 학습 및 양육방식은 아동의 자연스러운 성장을 방해하여 결국 부모가 바라는 것과 다른 결과로 나타나는 원인이 된다. 또한 이러한 과정에서 아동 또한 그들이 누려야 할 행복을 느끼고 누리지 못하는 문제가 발생한다.

아이의 감각기관 역할에 대해 아는 것은 아이를 어떻게 바라보고 키울 것이며, 교육환경을 어떻게 만드는가를 가늠하는 데 매우 중요하다. 따라서 아이의 감각기관에 대한 특성을 이해할 필요가 있다.

감각(Sensation)과 환경(Environment)

감각은 사전적으로는 눈, 코, 귀, 혀, 살갗을 통하여 바깥의 어떤 자극을 알아차리거나 사물에서 받는 인상이나 느낌을 말한다. 독일의 철학자이자 교육자인 루돌프 슈타이너는 이러한 감각을 촉각, 생명감각, 균형감각, 후각, 미각, 시각 등 12개의 감각으로 구분한 바 있다. 아동에게 있어 이러한 감각의 발달이 중요한 이유는 사람은 시각, 청각, 후각, 미각, 피부감각이라는 각각의 감각에서 얻은 정보를 조합하고 판단하여 육체적·정신적 대응을 해나가기 때문이다. 결국 아동이 어떠한 사물이나 행위에 대해 반응하고 이에 대응하는 것은 감각기관으로부터 들어오는 정보의 인식과 해석에 기초하기 때문에 감각의 발달이 아동의 발달을 좌우하는 요소라 볼 수 있다.

아동 교육기관이 시행하는 대부분의 교육 프로그램은 이러한 감각의 발달과 신체적 발달을 돕기 위한 것이다. 아이들의 감각 발달을 위해서는 다양한 경험을 제공하는 것이 중요하다. 따라서 인지능력에 중점을 두는 많은 교육기관은 아이들의 발달 수준 등을 고려한 교육 도구와 놀이와 같은 프로그램을 통해 촉각·시각·청각 등 다양한 감각을 발달시킴으로써 아이들의 전반적인 감각·지각 능력을 향상시키고, 아동은 이를 통해 창의성과 상상력이라는 무형의 역량을 키우게 된다.

아동의 감각 개발은 실내에서도 이루어지기도 하나 인간이 생활하는 각종 환경, 그중에서 자연환경을 접하면서 가장 많이 이루어지는 것으로 보고되고 있다. 그러나 일반적으로 많은 교육기관은 부모들의 인식, 즉 실외에는 위험과 불결함이 도사리고 있다는 편

흙, 나뭇가지 등을 이용해 실외 교육을 진행하는 모습

견 등으로 인해 어려움을 겪기도 한다. 아동교육 연구기관의 연구를 보면, 의외로 많은 부모가 어린 자녀가 흙이나 나뭇가지 등을 가지고 놀이를 하는 등 실외에서 하는 교육 프로그램에 불편함을 느끼고 있으며 가급적 실외에 노출되는 시간을 줄이기를 원하는 것으로 나타나고 있다. 그러나 이러한 과정은 아이의 발달에 매우 중요하다는 사실을 알 필요가 있다. 물론 실내 감각 활동과 놀이도 아동 발달에 중요한 역할을 담당하고 있으나 실내의 활동은 정형적이며 변화가 없는 반면, 자연 속에서의 활동은 다양한 현상에 대한 인지를 통해 다양한 반응과 대응을 만들어 내기 때문에 야외 활동은 아이의 감각 발달과 매우 밀접하게 관계되며 독립심과 육체적 성장을 촉진하는 데에도 효과적이다.

아동 발달 프로그램인 팀버누크(Timber Nook)의 설립자인 앤절라 J. 핸스컴(Angela J. Hanscom)은 아동이 아주 어린 나이부터 실외에 적절하게 노출되지 않는 경우 허약하고 자극을 견디는 힘이 줄어들 수 있으며, 나쁜 자세와 균형 잡히지 않은 몸을 가질 가능성이 높아지며, 몸의 균형이 부족할 경우 불안한 감정이 증가하여 성인으로 성장하면 불안증이 강화되거나 비정상적인 방법으로 에너지와 감정을 발산할 가능성이 높다고 보고 있다. 이러한 현상이 발생하는 이유는 아이는 실외 활동을 통해 위험을 인지하고 대응하는 기회를 얻게 되고 그 과정에서 주변 세계와 상호작용하는 법을 배우게 되며, 이를 통해 육체적·정신적 성장과 독립심 그리고 협력과 소통을 배우게 되는데, 이러한 것이 유아기로부터 유년기 발달에 필요한 성장을 촉진하며 이러한 과정을 통해 배우는 감정은 신뢰감, 애착과 같은 기본적인 감정이 부모와의 연대감과 유대감을 증진하는 데 도움이 되기 때문이다

실례로 2021년 6월 8일 열린 국회 세미나에서 서울·경기지역 국공립어린이집 원장 및 교사에게 '2020년 2월 이후, 코로나 감염위기 상황으로 인해 기관의 실내외 활동이 제한됨에 따라 아동들에게 이전에 없던 발달의 변화가 발생하였는지'에 대한 설문을 분석한 결과 다음과 같이 나타났다.

"원장 및 교사의 71.6%, 10명 중 7명 이상이 '코로나19 팬데믹이 아동의 발달에 미친 영향이 있다'고 응답했다. 어떤 변화가 있었는지 묻는 질문에 원장 및 교사의 74.9%(상당히 그렇다 33.6%, 그렇다 41.3%)가 '마스크 사용으로 인한 언어 노출 및 발달 기회가 감소'했다고 응답했다. 뒤이어 '바깥놀이 위축으로 인한 신체운동시간 및 대근육·소근육 발달기회가 감소'했다고 77.0%(상당히 그렇다 27.7%, 그렇다 49.3%)가 응답했고, '과도한 실내생활로 인한 스트레스, 짜증, 공격적 행동 빈도가 증가'했다고 63.7%(상당히 그렇다 21.8%, 그렇다 41.9%)가 응답했으며, '낯가림, 기관 적응 어려움 및 또래 관계 문제 발생 빈도가 증가'했다고 55.5%(상당히 그렇다 14.8%, 그렇다 40.7%)가 응답했다."

시각과 색채 감각 : 사물의 인지능력을 강화하는 도구

인간이 주변 환경을 인식하고 정보를 받아들이는 데 쓰이는 감각 중 시각은 감각 중 가장 늦게 발달한다. 갓 태어난 아이는 아직 시각이 충분히 발달하지 않았기 때문에 사물의 형태이나 색을 제대로 구별하지 못하고 1~3개월 정도에 흐릿하게 보기 시작하며, 6개월까지는 물체에 초점을 맞추고 12개월 정도가 돼야 어느 정도 정상 시각을 갖게 되며, 만 2세가 되어야 아이들이 색을 인식하게 된다. 아이는 주변의 사물을 보며 꽃, 동물, 옷의 색이 다르다는 것을 인식하게 되며 인지된 색을 통해 사물의 특성을 어렴풋이 느끼게 된다. 이후 성장에 따라 서서히 사물의 거리감, 입체감, 색감 등을 구분하게 되며, 6세 정도가 되면 성인과 같은 시력과 색 구별 능력을 갖게 된다.

다양한 색의 환경에서 자라난 아이는 색을 통해 자아를 형성하고 특정 색에 편안함을 느끼게 된다. 또한 사물의 특성을 색과 연관하여 이해하게 된다. 이러한 변화는 시력의 변화와 함께 이루어지기 때문에 다양한 색채 자극은 아이들의 감각적인 경험을 통해 인지 발달에도 영향을 미치며 아이의 두뇌 발달에도 상당한 도움을 주게 된다. 따라서 많은 교육기관에서 색을 이용한 아동교육 프로그램을 마련하여 아이들이 다양한 색을 경험하고 사용해보도록 하고 있는데 색채를 이용한 교육 프로그램은 아이들의 창의성과 상상

색채 감각을 이용한 교육 프로그램

력을 증진하는 데 효과적이다. 특히 감각 활동과 마찬가지로 야외에서 자연을 접하는 것은 아이의 색채 감각과 인지력을 증진하는데 긍정적인 역할을 한다.

예를 들어 나뭇잎이라 하더라도 그날의 날씨, 햇빛의 강도, 계절에 따라 다른 색과 모습을 띠는데, 이러한 다채로운 변화는 아이들에게 색에 대한 새로운 경험을 주게 되며 감각기관의 발달을 가져오게 된다. 전문가들이 정의하는 색채 감각은 색을 물리적인 빛의 자극에 의해 색상, 명도, 채도 등 세 가지 속성을 지닌 자극, 즉 색채로 느끼는 감정을 말하는데 아이는 산이나 바다, 마당에서 느끼는 색채와 사물, 경험을 함께 버무려 자신만의 상상력을 키우게 되며, 경험은 4세에서 5세 정도에 교육기관이나 가정에서 자신의 방식으로 사물과 색을 상징화하고 표현하는 것으로 나타난다. 예를 들어 아이를 키우는 부모는 아이가 어떤 사물을 색연필 등으로 그릴 때 성인이 보는 것과 달리 형태를 단순화하고 보이는 것과 다른 색으로 표현하는 것을 볼 수가 있었을 것인데, 이는 아이가 느낀 것을 형상화하기 때문에 발생하는 문제로 아이가 색채 감각이 없거나 사실을 제대로 인식하지 못하는 것과는 다른 것이다.

후각과 미각
: 사물의 인지능력을 강화, 심리적 안정을 촉진하는 도구

후각은 많은 감각기관 중 출생 당시부터 어느 정도 발달이 진행되어 나오는 감각기관의 하나이다. 신생아들은 시각이나 청각이 미숙한 대신 후각이나 미각, 촉각이 발달되어 있다. 후각과 미각은 화학적 감각으로, 주위의 특정 물질에 반응하여 신경에 대한 자극이 이루어지고 반응이 나타난다. 후각과 미각은 모두 태생적으로 원시적인 감각으로 생존과 관계되기 때문에 우선적으로 기능이 발휘되는 것으로 볼 수 있다. 우선 후각은 생후 3개월까지 시각이 발달하지 않아 시야가 또렷하게 보이지 않는 상태에서 엄마의 몸에서 나는 양수 냄새, 모유 냄새를 통해 엄마를 식별하고 부정적일 것으로 생각되는 특정 물질을 거부하는 등의 행동을 하도록 한다.

생물학적으로 볼 때 후각은 기억과 감정을 조절하는 신경망에 직접 연결되기 때문에 후각 정보는 냄새를 맡는 것뿐만 아니라 일부는 변연계로 연결되어 냄새와 관련된 음식이나 환경 등 연상에 관한 기억과 학습에 기여한다. 후각의 중요성을 이해하는 실험에 따르면, 출생 직후 쥐들의 한쪽 콧구멍을 막아 냄새를 맡지 못하게 하면 막힌 쪽의 후각신경은 성장이 저하되며 막히지 않은 쪽에 비해 뇌의 크기도 25% 정도 줄어든다. 또한 냄새가 풍부한 곳에서 출생 후 21일간 키운 쥐는 늘 같은 냄새가 나는 곳에서 키운 쥐보다 냄새에 관여하는 신경세포의 수가 20% 정도 증가한다는 보고가 있다. 이런 변화는 뇌로 향하는 후각 정보의 흐름과 기능에 영향을 주기 때문이다.

후각은 엄마의 젖꼭지를 찾는데 결정적인 도움을 줄 뿐 아니라 엄마와 유대감을 형성하게 해주어 정서적 안정을 이루는 데도 도움을 준다. 아동이 특정한 담요나 인형에 집착하는 것도 냄새가 아이를 안심시키는 작용을 하기 때문이다. 엄마가 아이가 늘 가지고 다니거나 접하는 담요나 인형을 위생상 이유로 세탁하는 것을 아이가 싫어하는 것은 아이들은 대부분 담요나 인형을 입이나 코 가까이 들고서 자신의 냄새를 맡으며 위안을 얻기 때문에 냄새가 없어지거나 섬유 완화제의 냄새가 나는 것을 싫어하기 때문이다.

유아기때부터 아동기까지 가지고 있는 예리한 후각은 성인으로 자라나면서 서서히 퇴화한다. 퇴화는 어려서부터 시작되는데 이는 주변에 인위적으로 만들어진 다양한 냄새, 오염물질, 흡연 등에 노출되면서 점차 퇴화가 진행되기 때문으로 나이가 들수록 이러한 노출의 영향과 시각의 발달 등으로 후각은 둔화하는 현상을 보인다. 『0-36개월 아기를 위한 두뇌 교과서』를 집필한 코쿠부 요시유키에 따르면, 신생아의 경우 3개월이 지나가기까지 엄마는 향수와 같은 것을 뿌리지 않는 편이 좋다고 하였다. 이는 자연 그대로의 냄새를 기억하게 하는 것이 가장 좋기 때문이다. 이 시기에 아기가 악취에 익숙해지면 성장을 하면서 불결함에 대해 그리 크게 반응하지 않는 등의 좋지 않은 습관이 생길 수 있다고 보았다. 만약 부모가 아기나 아동과의 유대감, 정서적 안정에 미치는 냄새의 중요성을 인식한다면, 부모들은 아동의 후각 환경을 최대한 쾌적하고 안락하게 꾸며 주어야 한다.

미각은 후각과 연계되는 감각이다. 연구에 따르면, 태아나 신생아는 성인보다 두 배에 세배 정도 많은 미각세포를 가지고 있는 것으로 나타나고 있다. 갓 태어난 아기의 경우 후각에 의해 모유의 달콤한 냄새나 주변의 불쾌한 냄새 등을 느낄 수 있으나 맛의 차이는 생후 2주일 후에야 느끼는 데 이때 느끼는 맛도 달고, 시고, 쓰고, 짠 네 가지의 기본 맛에 국한되는 것으로 보고되고 있다. 따라서 이때부터 단 것은 입맛을 다시고 빨아먹지만 쓰거나 신 것을 먹이면 내뱉고 얼굴을 찡그리는 등의 반응을 보이게 된다.

유아의 미각은 생후 5개월 정도가 되면 한층 발달한다. 따라서 이 시기에 여러 가지 음식을 이유식에 섞어서 맛을 보게 하는 것은 아이의 미각 발달에 도움을 줄 수 있다. 간혹 대량으로 생산된 이유식을 먹이는 부모가 있는데 이렇게 되면 미각에 대한 감각이 그렇지 않은 사람에 비해 무뎌지게 된다. 특히 미각은 후각, 시각 등과 함께 발달을 촉진하는 요인이기 때문에 냄새가 좋거나 색이 예쁜 음식의 경우 미각의 발달에 도움이 되고, 식욕을 촉진하여 소화효소를 더 많이 만들어 내는 효과도 있다. 따라서 미각과 후각, 시각을 발달하도록 하는 방안의 하나로 가정이나 교육기관에서 음식을 직접 조리하는 것을 보여주거나 음식을 만드는 데 참여하도록 하는데, 이러한 활동은 아이가 음식에 대한 흥미를 가지게 함과 동시에 주변 식물, 동물 등에 대한 관심을 가지게 함으로써 지능을 발달시

미각, 후각, 시각 발달을 위한 교육 프로그램

키는 데 긍정적 역할을 하게 된다. 최근 많은 기관이 아이가 조리에 참여하도록 하는 추세이다.

청각

청각은 태어나자마자 소리가 들리는 쪽으로 아이의 시선이 갈 정도로 출생 후 가장 먼저 발달하는 감각이다. 특히 내이(內耳)는 태내에서 완전히 발달하는 유일한 감각기관이다. 옛날 조상들이 임신한 여자에게 좋지 않은 것은 보지 말고 말을 조심해서 하며 언성을 높이지 말라고 하였는데, 이는 태아가 엄마의 목소리와 감정을 받아들이기 때문이다. 태아에게 엄마의 심장박동, 목소리가 전달되기 때문에 아이는 엄마의 기분 좋은 목소리와 화난 목소리를 구별할 수 있으며, 생후 얼마 되지 않아 엄마의 목소리를 구별할 수 있게 되고, 6개월이 지나면서 소리를 이해하고 위치를 식별할 수 있게 된다. 특히 영아들은 단순한 음조보다 사람의 목소리와 같은 복잡한 소리를 선호하며 생후 2주경에는 사람의 목소리와 다른 소리를 구별하고, 3주경에는 낯선 사람과 어머니의 목소리를 구별하게 된다.

청각의 발달은 만 2세가 되면 성인의 80% 정도에 이르게 되는데 소리를 듣지 못하는 사람은 소리도 제대로 내지 못하는 것에서 볼 수 있듯이 청각은 언어 발달과 뗄 수 없는 감각이다. 생후 2년까지의 청각 발달은 향후 언어 학습에 많은 영향을 주는데 이 시기에 소리 자극이 제대로 청각신경에 전달되지 못하면 대뇌의 청각이나 언어중추가 제대로 된 역할을 하지 못하게 되어서 언어장애가 발생하기도 한다.

특히 지식에 관한 한 청각은 시각과 함께 인간이 다른 동물과 구별되는 데 중요한 역할을 하는 것으로 알려져 있다. 아이는 태어나는 순간부터 청각을 이용하여 많은 것을 배우는데, 영아는 소리를 듣고 깜짝 놀라거나 소리가 나는 것을 바라보는 반응을 하게 되며, 생후 1년 동안 영아는 주변에서 들려오는 소리를 통해 많은 정보를 얻게 된다. 또한 주변에서 들여오는 여러 가지 소리 중 의미 있는 소리를 변별하게 되는데 이 과정에서 소리를 흉내 내고, 톤의 높낮이와 부드러움 등을 통해 감정의 교류를 갖게 된다. 아이는 성장과 함께 말소리에 의미를 부여하는 방법을 알게 되고 사람들이 말하는 것을 통해 수많은 활동과 정보를 전달하고, 생각과 감정을 주고받는다는 것을 알게 된다. 일반적으로 아동은 주변에서 들려오는 다양한 소리와 언어를 통해 자신의 언어와 정보역량 등을 발달시켜 나가게 된다.

청각의 발달이 중요한 것은 인지 발달과 직결되는 동시에 감각과 지각의 성숙, 언어습득, 감정과 인식 능력, 사회성의 핵심인 언어사용과 의사소통을 좌우하는 중요한 요인이기 때문이다. 어렸을 때 청각의 입력이 불충분하거나 비정상적이거나 좋지 않은 소리에 장

기간 노출되는 경우 신경세포 발달에 영향을 미쳐 청각 탐지와 인식의 발달에 부정적 영향을 미치는 것으로 보고되고 있다. 음성은 감정을 담고 있기 때문에 이를 통해 습득한 감정 인식능력은 사회적 능력과 언어 지식 발달에 중요하다. 정상적으로 청각이 발달한 아동과 발달이 늦은 아동은 사회적 활동에서도 많은 차이를 보이게 되는데, 이는 감각의 전이와 청각으로부터 인지되고 습득된 소리가 밀접한 관계가 있기 때문이다.

청각으로부터 시작되는 언어의 발달은 의사소통 및 정보의 교환에 대단히 중요한 역할을 한다. 특히 사람은 타인과의 교류 관계 속에서 자라나기 때문에 감정의 공유와 식별, 정보의 올바른 전달과 수용 역량은 사회성과 밀접한 관계가 있다. 청각의 학습은 언어습득과 직결되기 때문에 아동과 많은 대화를 하거나 동화책을 반복해서 읽어주는 것은 청각의 발달과 언어습득에 큰 도움이 된다. 또한 아동의 난청을 유발할 수 있는 소리에 반복해서 노출되거나 좋지 않은 언어 등에 노출되는 것을 최소화하려는 노력도 함께 이루어져야 하며, 자연 속에서 들려오는 다양한 소리를 듣도록 하는 것도 청각 발달과 인지능력 발달에 도움이 된다.

아동과 교육환경

아동의 교육환경은 중·고등학교와 달리 지식의 성장을 돕는 것에 목표를 두지 않는 것이 필요하다. 그 이유는 아동으로 불리는 기간은 인간이 세상에 태어나서 제대로 된 성체로 자라나기까지 갖추어야 할 가장 기초적인 신체적, 감각적 발달을 이루는 기간이기 때문이다. 따라서 이 시기 교육은 신체적, 감성적 역량을 최대한 발달시키고 이끌어서 성인으로 올바르고 건강하게 자라나도록 하는 것이 필요하며, 이에 역행하여 아이의 감각과 신체의 발달을 고려하지 않고 지식 주입 방식의 학습을 하는 것이나 행동을 억제하는 것은 아이의 정상적인 발달을 저해한다. 따라서 교육기관은 다음에 목표를 두고 아이의 성장을 지원해야 한다.

신체적 성장지원

감각이 내외부에서 나오는 자극을 느끼고 정보를 얻는 것이라면 육체적 동작은 이에 대한 반응을 물리적으로 표현하는 것이다. 이러한 육체적 활동은 태어날 때부터 갖는 것이 아니라 성장을 통해 이루어진다. 데이빗 엘킨드(David Elkind)은 '피아제닉 인지 발달'이라는 이론을 통해 아동의 육체적인 변화는 그에 따른 인지 발달과 상호작용을 한다고 주장하고 있다. 결국 정상적인 신체적 성장은 감각기관을 통한 인지 발달과 맞물리면서 아동 성장의 기폭제가 된다. 현재 많은 교육기관이 시행하고 있는 놀이는 이러한 두 가지 기능을 향상하기 위한 것이다.

아이의 운동은 어른과 같이 근육을 키우거나 건강을 유지하거나 외모를 가꾸는 동작이 아니라 사람으로 정상적으로 자라나는 데 필요한 근육을 만드는 한편 자신의 몸을 통제하는 것을 배우는 과정이다. 1세에서 2세 정도의 아이는 언어 능력이 발달하면서 외부의 자극을 좀 더 쉽게 받아들이고 이에 반응하기 위해 신체적인 활동을 하게 된다. 이 당시 아이는 생각하는 힘이 길러지면서 어떤 표상이나 개념을 사용하게 되고, 기억하거나 구상된 것을 몸으로 표현하거나 실행에 옮기고자 하는 행동을 하게 된다. 이러한 복합적인 상호작용은 아이의 발달을 촉진하게 되는데, 처음에는 고개를 드는

외부의 자극을 쉽게 받아들이기 위한 신체적인 활동 프로그램

것으로부터 시작해서 몸을 뒤집고, 무엇을 잡는다든지, 걸음마나 주변 물체를 붙들고 일어서기, 기어 올라가기 등 다양한 기술을 연마하게 된다.

아동의 신체 발달을 이해하기 위해 생후 1개월부터 초등학교 입학 시까지를 간단하게 살펴보면, 생후 1년간 영아는 중추신경계가 성숙함에 따라 운동기능이 현저하게 향상된다. 운동 능력의 발달은 신체적 성장, 뼈와 근육의 성숙 그리고 신경계의 발달과 연계되며, 머리로부터 발의 방향 즉, 대근육 운동에서 소근육 운동으로, 몸통에서 사지 쪽으로 발달이 이루어진다.

우선 생후 6개월 미만의 영아는 머리를 잠시 드는 활동, 팔을 바닥에 지지한 상태에서 상체와 머리를 드는 활동을 하게 된다. 또한 손을 쓰는 것으로부터 동작의 유형과 범위가 점차 넓어지고, 생후 2개월 이후의 영아는 잡는 동작이 가능해짐에 따라잡는 것을 입으로 가져가거나 잡아 흔들거나 하는 간단한 동작을 하게 된다. 손의 활용 시기 중반 이후부터 나타나는 현상은 스스로 앉거나 몸을 뒤집거나 기거나 잡고 일어서거나 하는 동작이다. 이러한 동작은 평균적으로 생후 9개월에서 15개월 사이에 일어나나 개인마다 많은 차이가 있다. 생각보다 많은 부모가 아이의 동작이 느려지면 상당한 걱정을 하게 되는데 기간의 차이가 있을 뿐 일반적인 영아는 이러한 과정을 거쳐 서고 걷게 되기 때문에 너무 무리하게 걸음마를 시키기 위해 노력할 필요가 없으며 언어의 발달과 함께 아이의 활동과 발달을 자연스럽게 도와주는 조력자 역할이 필요하다.

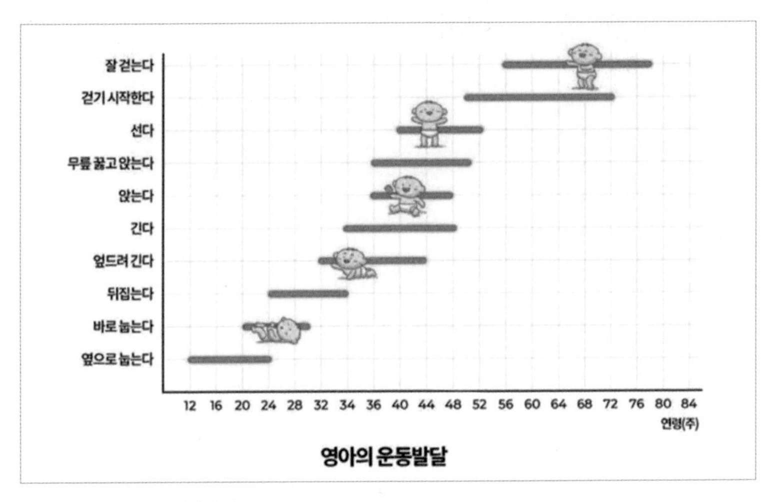

출처: 대한성장의학회 네이버 블로그

자유로운 성장을 위한 놀이 교육

영아기를 지나 유아기가 되면 아이는 마치 폭발하는 화산같이 걷기, 뛰기, 미끄러지기 등 다양한 기술을 연마하게 된다. 일부 조부모가 아이를 보는 경우 체력적인 한계를 느낄 정도로 아이들은 하루가 다르게 육체적 능력을 갖추게 되는데, 이때 발달하는 근육은 대근육으로, 아이는 팔, 다리의 큰 근육을 사용하여 이동 운동

(locomotor movement), 안정 운동(stability movement), 조작 운동(manipulative movement) 등을 할 수 있게 됨으로써 걷기, 달리기, 구르기, 공 던지기 등을 자기가 의도하는 대로 할 수 있게 된다.

좀 더 이를 설명하면, 이동 운동은 신체를 움직여 한 공간에서 다른 공간으로 이동하는 운동이며, 안정 운동은 신체의 균형을 유지하기 위한 운동으로 몸을 지면에 고정하고 바로 서서 물건을 받거나 던지는 것이다. 조작 운동은 도구를 이용하는 운동으로 2세 정도의 아동은 팔을 들고 흔들거나 잡는 것만 가능해서 공을 잘 받아내지 못하지만, 3세 정도가 되면 대근육이 발달함에 따라 팔꿈치를 구부리고 가슴을 이용하여 공을 받는 것이 가능하게 된다.

이후 3세에서 4세 정도가 되면 미세 운동 근육이 발달하기 때문에 연필을 쥐고 끄적거리거나 젓가락질을 서투르게 하거나 단추 채우기 등의 행위가 가능한 상태가 되며, 5세가 넘기 시작하면 아동은 춤추기, 놀이 등을 통해 섬세한 운동 능력을 향상할 수 있으며 또래들과의 놀이와 대화, 다양한 접촉, 쌓기 등의 다양한 활동 등을 통해 상호 간의 신뢰, 자신감 등을 쌓게 된다.

자유로운 성장을 위한 놀이 교육

만약 이러한 발달 과정에서 영어 학습에 매달리게 하거나, 안전에 너무 관심을 두는 나머지 아이를 가정의 화초같이 여기고 성장을 방해한다면 아이는 충분한 신체적 능력이나 타인과의 관계 구축능력을 갖지 못하게 된다. 이는 아이를 잘 키우겠다는 의지가 역설적으로 아이의 자유로운 성장과 인지능력 저하의 원인으로 작동하게 문제점을 발생시키는 것이다.

형성된 감각(언어·사고·자아 감각)의 발달 지원

감각과 신체적 성장이 각 아동의 내면적 문제라면 언어, 사고를 통해 얻어지는 자아 감각은 주변 사람들과의 관계를 촉진하면서 아동의 발전에 영향을 미친다는 점에서 외면적이며 환경적 요소라 볼 수 있다. 따라서 우리가 일반적으로 아동 교육이라고 부르는 것은 지식의 전달이 주된 목적이 아니며, 아이를 둘러싼 환경적 요소를 어떻게 만들어주고, 적응하게 함으로써 아동의 성장을 잘 이루도록 할 것인가에 초점을 맞추는 것이 필요하다.

동료 : 공감 능력과 언어의 향상, 사회적 성장에 도움

아동은 자기보다 다소 나이가 많거나 적거나 또는 동등한 나이를 가진 집단과 교류를 통해 성장한다. 특히 사회적 지위, 인지능력, 행동 특징이 유사한 동년배를 의미하는 또래집단과의 교류는 아동 발달에 미치는 영향이 매우 크다. 또래는 연령, 신분, 흥미가 서로 비슷하고 행동 경향이 비슷하기 때문에 수직적 관계인 부모나 나이가 많은 형·언니 등의 관계와는 달리 '우리'라고 하는 공동감정(we-feeling)을 가질 수 있고, 평등과 대등의 관계를 유지하며, 동지적 감정으로 단결할 수 있는 특성을 가지고 있다. 또한 또래는 자기들끼리 통하는 규칙, 성원에 대한 기대가 있으며, 이러한 관계 내에서 책임, 경쟁이라는 사회적 관계를 형성하기 시작한다. 따라서 이러한 또래 관계를 잘 맺도록 하는 것이 중요하다.

또래교육을 위한 놀이활동

최근 핵가족화, 부모의 공동 취업, 조기 교육 일반화 등의 경향에 따라 아동은 과거에 비해 어린이집이나 유아 교육기관 등에서 또래 환경을 경험하는 연령이 낮아지고 있으며, 또래와의 교류 경험 비율도 높아지고 있다. 이러한 현상은 사회적으로 아동의 인지, 사회, 정서발달에 의미 있는 영향을 줄 수 있다. 또래는 서로 평등한 관계이므로 인지적인 갈등과 논쟁을 경험하게 되면서 더 높은 수준의 사고단계로 발달하게 되며, 아동은 혼자서 과제를 수행할 때보다 유능한 또래와 협력할 때 아동 자신의 발달 수준을 넘어서는 성취를 이루게 된다. 자기중심적인 사고를 하는 어린 시기 아동은 또래와 관계 맺기를 통해 인지적 발달뿐만 아니라 도덕성, 의사소통 기술, 감정 이해 능력 등의 발달이 이루어지고 사회화가 촉진된다고 보고되고 있는데, 아이는 또래집단에서 공통된 문제를 경험하며, 또래관계를 통해 사회적 기술을 향상시키고, 정서적 지지를 통해 자아개념을 발달시키기도 한다. 한편 또래는 수직적 관계보다 긍정적인 지원을 많이 제공해 주지만 가까운 관계일수록 갈등과 경쟁도 존재하기 때문에 교육기관은 이를 잘 고려하여 아이들이 건전한 경쟁과 협력 정신을 기르도록 해야 한다.

건전한 경쟁과 협력정신을 기르기 위한 또래교육

또래관계에서 긍정적 기능은 정서적 안정을 줌으로써 자신감을 부여해주고, 또래와의 지속적인 신뢰 관계를 통해 서로 의지할 수 있으며, 서로 필요한 것에 도움을 주기도 하고, 친밀감을 바탕으로 자신의 감정을 솔직히 표현하거나 상대방이 요구하는 바를 수용해 줄 수 있는 마음가짐을 갖게 하는 것이다. 또한 상대방을 지지하거나, 인정함으로써 자신의 가치에 대하여 확신을 가질 수 있게 한다. 한편 부정적 또래 관계는 자기 자신의 내부적 갈등을 유발하거나 타인과의 다툼, 괴롭힘과 같은 것으로 나타난다. 또한 이러한 상황이 지속함으로써 상실감과 배신감을 느끼게 될 경우 자신의 존재감이 낮아지거나 회피 등의 방어기제가 커져 주변 사람들에 대한 부정적 인식으로 발전하기도 한다.

언어 : 감각을 이어주는 중요한 수단

언어란 자의적으로 생성된 상징체계를 통하여 다른 사람에게 자신의 생각이나 감정, 원하는 것, 의도 등을 전달하거나 받아들이는 어떠한 수단이며, 특정한 사물이나 행위에 의미를 부여하는 상징을 음성 또는 문서로 표현하는 사회공동의 인정된 상징체계이다. 언어는 인간의 삶에서 매우 중요한 역할을 한다. 사회적으로 보면 한 사회나 시대의 생각, 경험과 지식 등을 다른 사회나 시대로 전달하는 매개로서 역할을 하며, 개인으로 보면 사물과 사물의 관계를 파악하거나 자신의 생각이나 감정을 전달하고 타인의 생각이나 느낌을 이해하게 한다. 언어는 성인이나 또래 환경에 적응하는 유아기뿐만 아니라 영아기에도 중요한 역할을 한다. 영아기에 언어가 중요한 것은 생리적 욕구를 표현함으로써 생존을 이어갈 수 있는 가장 큰 수단이기 때문이다.

언어는 감각을 이어주는 중요한 수단이다. 아동은 동작을 통해서도 의사소통을 하기도 하지만 성장을 하면서 언어라는 도구를 통해 자신의 생각과 감정을 표현하게 되고, 이를 통해 타인의 생각과 감정을 받아들이게 된다. 환경적 요인은 어린이집과 같은 교육환경과 가정에서 이루어지는 공동생활, 교환적 협동 등을 통해 만들어지는 정서적 지원이 대표적이다. 정서적 지지는 또래 간에 위로와 충고, 애정, 칭찬, 인정 등과 같은 환경과 지도를 통해 만들어지는데 보편적으로 교육환경에서는 함께하는 만들기, 놀이 등을 통해 정서적 교류와 지지가 형성된다. 가족 환경은 부모와의 관계, 형제자매와의 관계로 교육 환경과 같이 다양하지 않지만, 지속적인 관계 형성이라는 특징을 갖고 있기 때문에 아동에게 매우 중요한 환경요인이다. 아동은 이러한 환경이 활발하며 긍정적인 상호작용을 하게 될 때 집단에서 행복감을 느끼게 된다. 만약 이러한 부분에 소홀하여 아동에게 주입식교육이나 반복된 동작 훈련을 통한 발표회 등을 반복하게 된다면 아이는 상호 간의 교류를 제대로 할 수 없는 환경에 처하게 됨으로써 정상적인 발달에 영향을 받게 된다.

언어의 발달은 학습과 밀접하게 연계되기 때문에 많은 학부모가 관심을 갖는다. 그러나 언어의 발달은 한글이나 영어를 읽고 쓰면서 만들어지는 것이 아니다. 본래 인간은 태어나면서 울음, 옹알이 등에서 호흡, 발성, 의사소통 방법을 연습하게 된다. 유아기는 언어 발달에 결정적인 시기로, 유아는 출생 후 1년 정도 되면 타인이 알아들을 수 있는 단어들을 말하기 시작해서 나이가 들어감과 함께 어휘의 수가 증가한다. 일반적으로 8개월에서 1세에 첫 낱말이 시작되는 것으로 보고되는데, 첫 낱말은 유아가 흔히 접하고 필요로 하는 것 중에서 선택된다. 이러한 이유로 완전하지는 않지만 '엄마'나 '물' 등 유아가 가장 필요로 하는 것을 표현하게 된다.

2세가 되면 어휘가 급격히 증가하게 되어 2세 후반기에 접어들면 어휘 수가 약 300개에 가까워진다. 보편적으로 2세 이후부터는 사고와 학습과 의사소통 모두에서 언어라는 상징적 매체를 사용하게 되며, 3세에서 4세 정도가 되면 본격적인 언어의 이해가 가능한 시기로 한 번에 세 단어 혹은 그 이상을 말하게 된다. 아이를 키워본 부모들이 느끼는 바와 같이 아이가 자기 생각을 비교적 명확하게 표현하는 나이는 5세부터이다. 이때부터는 부모가 놀랄 정도의 단어를 사용하고 부모가 이야기하는 바를 이해하게 된다.

연구에 따르면 뇌의 언어 발달은 12세 정도가 되면 멈추게 된다. 언어는 사고와 밀접한 관계가 있기 때문에 학습능력과 연계된다는 것이 정설이다. 즉 언어가 다양해진다는 것은 사고가 다양해지고 자아개념이 형성된다는 것을 의미하는데 언어 능력은 아이들이 주변 세계를 처리하고 이해하는 데 도움이 되기 때문에 언어 발달은 인지 발달과 밀접한 관련이 있다. 강한 언어 능력을 개발하는 어린이는 비판적으로 사고하고 문제를 해결하며 추상적 사고에 더 잘 참여할 수 있다. 또한 언어 발달은 자신의 감정을 표현하는 효과적 도구이기 때문에 아동이 자신뿐만 아니라 타인의 행동을 조절하고 어려운 상황에 더 잘 대응할 수 있게 해준다. 글을 읽고 쓴다는 것은 자신의 생각을 언어라는 형상화를 통해 표현하는 또 다른 방식이기 때문에 쓰기와 구어를 더 잘 이해할 수 있고 읽고 쓰는 법을 배울 수 있는 능력과 관계된다.

언어의 발달도 또래 관계와 마찬가지로 교육기관과 가정에서의 지지와 지도가 매우 중요하다. 아동이 5세 정도가 되면 자신의 생각을 언어를 통해 비교적 명확하게 표현한다고 하지만 아직도 상황에 적절한 언어를 사용하는 데에는 미숙하고 결함이 있다. 또한 호흡량도 많지 않아 많은 단어나 문장을 한 번에 이어가지도 못한다. 이러한 시기에 필요한 것은 어휘의 구사에 관심을 가져주고 지지해주며 경험하게 하는 것은 매우 중요하다. 예를 들어 갓난아이의 경우 아이에게 말을 걸어주고 옹알이에 반응을 해주는 것은 아동의 언어 발달뿐만 아니라 관계에도 중요한 역할을 하며, 몇 개의 분절된 단어를 사용하는 2세부터 문장 형태를 갖추게 되는 4세의 경우 '사과'라는 단어를 글이나 그림으로 가르치기보다 만져보고 냄새를 맡게 하는 등의 감각을 활용하게 한다면 아이는 사과에 대한 다양한 개념을 가지게 할 수 있다. 또한 아동이 하나의 단어나 문장을 이해하고 습득하도록 동일한 단어나 동화책을 반복해서 들려주는 것도 좋은 언어 발달 방법이며, 아동이 어떤 말을 할 때 완전하지는 않더라도 칭찬과 격려를 해줌으로써 아이가 자신감을 가지고 말을 할 수 있도록 만드는 것도 중요하다. 특히 부모의 말과 행동은 교사의 말과 행동보다 더 큰 영향을 미친다. 따라서 아이의 언어 발달을 돕기 위해서는 이러한 부분에 관심을 갖고 충분한 소통을 해주어야 한다.

놀이

아이는 놀이를 통해 자유롭게 감정을 표현하고 관리하는 방법을 배우게 된다. 많은 연구에 따르면 놀이는 아동이 자기 자신과 주변 환경을 탐구하고 이해하는 과정을 제공하여 자아 개발을 도우며, 또래와 함께 놀이를 하며 감정의 공유, 갈등 해결 및 협력의 중요성을 경험하며 사회성을 기르게 한다. 따라서 단순히 뛰어노는 것이 아니라 목적을 갖고 아이의 신체적 정신적 능력을 고려한 정확한 놀이 활동을 하고 이러한 환경을 만드는 것은 매우 중요하다.

놀이의 중요성을 살펴보면 우선, 놀이는 신체 발달을 돕는다. 아동은 놀면서 신체적 성장과 운동 능력을 익혀 자신의 몸을 통제하는 것을 배우게 된다. 예를 들어 공놀이를 하면 아이는 공을 잡거나 던지기 위해 손가락으로부터 하체의 균형까지 다양한 근육을 사용하는 것을 배우게 되는데, 이는 대근육과 미세근육을 발달시키는 효과를 가져온다. 놀이는 언어 발달을 돕는다. 아이는 놀이를 하면서 부모, 교사, 또래들과 많은 이야기를 하게 된다. 예를 들어 블록을 이용해서 성을 만들 경우 자신이 생각하는 바를 이야기하기도 하고 상대방의 이야기를 듣고 대답하기도 하며, 상호 이견을 조정하기도 한다. 이렇듯 놀이 활동은 아동의 어휘구사력이나 의사소통, 감정의 공유, 갈등의 해소 등에 많은 도움을 주게 된다. 놀이는 사회성 발달에도 중요하다. 아동은 놀이를 하면서 자신의 생각대로 하고자 하기도 하지만 일반적으로 함께 놀기 위해 상호 타협이 필요하다는 것을 느끼게 된다. 또한 함께 의논하고, 감정을 공유한다. 이렇듯 놀이는 사회적 규칙을 이해하고 배려와 타협, 자제, 협력 등을 배우는 역할을 한다. 놀이는 정해진 규칙의 준수뿐만 아니라 창의성을 향상하도록 하며 정서발달을 돕는다. 아동은 또래와의 놀이를 통해 문제를 해결할 수 있는 새로운 방법을 찾는 능력과 상상력을 키우게 된다. 또한 또래뿐만 아니라 부모와 놀이를 할 때 아동은 즐거움과 상호 간의 감정적 교류를 강하게 느끼게 되며, 놀이 과정에서 타인의 감정을 느끼고 공유하는 공감 능력도 향상된다.

일반적으로 교육기관에서 시행하는 놀이는 각각의 목적을 가지고 있다. 감각 놀이는 아동의 감각을 활성화하기 위한 것으로 다양한 질감, 색각, 냄새를 가진 재료를 이용하여 반죽하거나 형상을 만드는 놀이가 있다. 스토리텔링 및 책 읽기도 많이 활용되는 놀이로 볼 수 있다. 아동에게 책을 읽어주는 것은 언어 발달과 문해력을 향상하는 데 도움이 될 수 있다. 스토리텔링은 또한 상상력과 창의성을 장려할 수 있다. 음악 놀이는 청각의 발달과 함께 리듬을 촉진하는 데에도 많은 도움을 준다. 음악은 듣는 것뿐만 아니라 춤, 노래, 악기 연주가 포함된다. 무엇을 만들거나 쌓는 등의 건축 및 건설 활동은 소근육 운동 기술과 공간 인식을 촉진하는 데 도움이 된다. 활동의 예로는 블록, 레고 또는 퍼즐을 가지고 노는 것이 있다. 아이들의 사회적, 정서적 기술을 개발하는 극적인 놀이 활동도 있다. 예를 들어 봉제 인형을 만들거나, 인형을 가지고 놀거나 하는 것이 포함된다. 미술 활동은 색채 감각의 계발과 함께 소근육 운동 기술을 개발하고 창의성

함께 의논하고, 감정을 공유하는 사회성 발달을 위한 교육 프로그램

사회적, 정서적 기술 개발을 위한 교육 프로그램

을 촉진하는 데 도움이 된다. 과학 실험은 비판적 사고 능력을 촉진하면서 탐구와 실험을 장려할 수 있다. 활동의 예로는 자석 탐색, 간단한 기계 만들기, 다양한 유형의 재료 실험 등이 있다. 요리도 아동의 색, 시각, 미각, 후각 등의 감각을 발달시키는 데 상당한 역할을 하는 중요한 놀이이다. 아동은 이러한 놀이를 통해 자신이 먹는 것에 대한 이해와 함께 건강한 식습관을 기르게 된다.

아동의 신체는 높은 활동력을 가지고 있다. 아동을 보는 조부모의 이야기를 들으면 힘이 들어서 보기 어렵다 할 정도로 아동은 쉼 없이 움직이고, 피곤하면 언제든지 잠을 자며, 또 일어나면 또 쉼 없이 움직이는 행동 패턴을 보인다. 이러한 신체활동을 보다 체계적으로 시행함으로써 균형된 신체적 능력을 갖게 하는 것이 운동, 놀이의 역할이다.

행복한 아이 만들기

아이를 키워본 부모들은 대부분 경험을 하였지만, 행복한 아동을 만들겠다는 이상과 성인으로 자라나서 사회에서 자립적으로 생활하도록 기반을 만드는 데 필요한 지식 습득이라는 현실에서 무엇을 우선할 것인지에 대해 많은 갈등을 겪는다. 또한 아동의 생활 습관과 태도, 성장 과정에서 벌어지는 다양한 일들을 접하면서 아동에 대한 배려와 제대로 된 성장지원이 얼마나 어려운가를 경험하게 된다. 부모로서 역할뿐만 아니라 교육기관의 문제도 어려움을 가중시키는 부분이다. 애써 좋은 교육기관을 찾아 아이를 보냈다고 생각했지만 지나고 보면 시행되는 교육내용과 수준에 상당한 괴리를 느끼는 경우도 심심치 않게 보게 된다. 따라서 아동 관련 교육기관은 단순한 지식 서비스 제공기관이나 아이를 수용하고 안전하게 보호하는 기관이 아니라, 부모를 대신하여 아동을 건강하고 좋은 인성을 갖춘 성인으로 자라나게 조력하는 일차적 역할을 하는 교육기관이라는 점을 인식하여 아이가 가정에서 얻어야 할 행복감을 느끼는 교육이 이루어지도록 노력해야 한다.

행정기관도 근대산업사회에서 부모의 노동력 활용을 위해 만들어진 행정제도를 벗어나지 못하고 아이를 어떻게 수용할 것인가에 매몰되는 일이 없도록 보다 전문적인 인력을 편성하고, 아이의 자연스러운 성장을 돕도록 행정목표와 활동을 재정비해야 한다. 행복한 아이는 우리 사회가 모든 역량을 투입하여 이루어야 할 과업이다. 특히 인구절벽 시대에는 한 사람, 한 사람을 제대로 키워내는 것은 대한민국의 생존과 관련된 중요한 문제이다.

부모의 역할

부모는 아동에게 있어서 영유아 시기에 가장 먼저 접하는 최초의 사회적 관계이며 성장을 돕는 절대적 후원자이다. 자녀의 성장에 있어 부모는 일차적으로 양육자이며, 선생으로서 역할을 하게 된다. 아동은 부모의 동작과 언어, 감정과 반응을 여과 없이 받아들여 그들의 인격과 모습을 형성하게 된다. 그러나 아동이 성장하면서 점차 자신의 독립적 시각과 자아를 갖게 되는 데 반해 부모는 상호작용 보다 부모의 시각과 애착에 매달림으로써 아동의 성장을 방해하는 요인으로 자리 잡기도 하며 심지어 아이를 자기가 지배할 수 있는 하나의 대상으로 보기도 한다.

부모의 아동에 대한 토대는 아동을 보호의 대상으로 보기보다 인권을 향유할 인격적 주체로 보는 인식이 필요하다. 1988년 유엔 총회에서 채택된 「아동 권리 국제 협약」도 이러한 가치를 명시한 것으로 정신적, 신체적 발달이 아직 이루어지지 않았다는 이유로 인격을 무시하고 부모의 의지를 강제하는 등의 행동을 하는 것은 바람직하지 않다.

아동을 하나의 인격체로 보고 올바르게 성장할 수 있는 조력자로서의 역할에 충실해야 하는 이유는 아동이 자신의 인격을 존중받고 조화롭게 자라나야 성장해서도 주변의 환경에 부합하는 행동을 하게 되고, 자신의 의지를 가지고 삶을 살아갈 수 있기 때문이다. 인류 역사를 볼 때 가장 기본이 되는 사회공동체는 가정이며, 부모와 자녀는 운명 공동체적 인간관계를 맺고 있다. 그만큼 부모의 역할과 영향력도 커서 부모가 적극적인 양육노력을 하지 않아도 교사나 친구에 비해 두 배가 넘는 영향력을 가지고 있다는 연구가 있다. 가정은 아동이 편히 쉴 수 있는 공간이며, 아동의 성장과 생존을 이끄는 가장 중요하고 필수적인 체계이며 인간 공동체이다. 그런데 이러한 공간 속에서 부모가 자신의 의지나 희망을 아이에게 투사한다거나 어리다고 인격을 무시하게 되면 아이는 쉴 곳과 기댈 사람이 없어지게 된다. 이는 아이의 성장과 사람에 대한 신뢰를 어렵게 만들고 결국 부모의 기대와 다르게 성장하는 요인이 된다. 아이가 잘 자라나서 사회에서 존중받는 존재가 되도록 하고자 하는 부모의 과도한 기대나 태도 등이 역설적으로 아이를 사회에 적응하기 어려운 존재로 만드는 것이다.

아이가 자라나면서 가르쳐주지도 않았는데 부모의 말투나 행동, 심지어는 사물을 대하는 태도 등을 모방하는 것을 보는 경우가 많다. 이는 아기가 태어나 처음 접하는 환경은 부모이며, 자라나면서 가장 많이 접하는 환경과 사람 또한 가정과 부모이기 때문에 발생하는 자연스러운 현상이다. 따라서 부모의 태도와 모습은 아동의 성격과 인성, 성장발달을 이끄는 결정적 요인이며 중추이다.

국내외 연구 결과를 보면 부모가 아동(성장하는 자녀를 포함)에게 애정적이며 수용적이고, 소통적일 때 아동의 사회적·정서적 발달이 원활해지고 이러한 발달이 학습 효과에도 영향을 미치는 것으로 나타나고 있다. 교육기관을 운영하면서 많은 부모가 아동의 바람직하지 않은 행동 근원을 외부의 탓으로 하는 것을 종종 보게 되는 데 부모 면담이나 교육을 하면서 보면 부모의 모습과 언어, 태도가 아이와 상당히 많이 닮아있는 것을 볼 수 있다. 결국 아동의 많은 행동은 부모의 언어와 태도, 그리고 소통과 신뢰의 분절 등이 만들어 내는 결과라고 볼 수 있다.

부모의 역할을 좀 더 정리해 보면 우선 생존과 성장을 돕는 가장 큰 조력자로서 역할이다. 엄마 몸속에서 자라난 작은 생명이 세상에 나오게 되면 그 귀한 생명체는 바로 독립하는 것이 아니라 오랫동안 부모의 도움 없이는 살 수 없는 존재로 있게 된다. 그러나 한편으로 이 시기는 신체 발달과 인지력의 발달, 언어 발달, 사회적·정서적 발달이 크게 일어나는 시기이다. 따라서 단순히 영양을 공급해주고 생존을 돕는 것뿐만 아니라 아동의 바른 성장, 행복한 성장이 이루어지도록 기초를 만드는 데 관심을 가져야 한다.

처음에는 누워서 옹알이를 하는 시간이 지나 아이가 일어서고 비틀비틀 걸으며 주변에 있는 물건, 소리, 냄새 등에 호기심을 갖고 집어 올리고 만지는 등의 여러 변화가 일어나는데 이는 각 감각기관의 발달과 신체 기술의 습득, 언어 사용의 기초를 만들기 위한 것이라는 점을 인식해야 한다. 특히 인지 발달을 촉진하는 호기심과 모방 활동이 이 시기에 활발하게 이루어지는데, 처음에는 불분명한 단어와 사물이나 사람을 가리키는 분절된 단어로부터 시작해서 다양한 어휘를 활용하고 비교적 정확한 문장 구사를 통해 자신의 생각과 감정을 표현하기 시작한다. 길지 않은 시간 동안 이렇듯 비약적인 발전을 이루는 아동이 어떠한 모습, 어떠한 언어, 어떠한 신체적 발달을 이룰 것인가는 대부분 부모에게 달려있다. 따라서 부모는 이러한 다양한 감각, 신체적 균형, 언어적 능력을 잘 발달할 수 있도록 모든 과정을 주의 깊게 바라보고, 이를 도울 수 있도록 다양한 환경을 만들어주고, 아이의 모방 능력을 고려해서 자신의 모습과 언어를 돌아다봐야 하며, 적절한 영양과 체험환경을 공급하는 물리적 제공자로서 역할에 관심을 가져야 한다.

아동은 성인과 같은 소화력을 가지고 있지 않고 음식에 대한 선택권이 그리 많지 않아 부모가 제공하는 음식에 의존하게 되는데, 경제적 여건과 시간 가용성 등으로 인해 모든 부모가 좋은 식재료를 사용해서 음식을 제공할 수는 없지만 가급적 다양한 음식, 부모가 만든 음식을 통해 영양의 결핍이 생기지 않도록 하고, 아이가 무엇을 선호하는지, 무엇을 가리고 심지어 알레르기 반응을 보이는지에 대해 관심을 가질 필요가 있다. 또한 가능하다면 조리과정에서 발생하는 냄새와 색채를 느끼게 하고 보여줌으로써 아이의 색감과 미각의 감각 성장을 도울 필요가 있다. 아동이 성인으로 성장해서 보이는 사회성과 정서적 안정성은 부모와 가정으로부터 받는 것이다.

요즘 상담을 보면, 일부 부모의 경우 직장 문제가 아니라 자신의 생활 또는 아동의 발달을 이유로 교육기관에 조기 교육을 의탁하는 경우가 있는데 부모와 같이 아동과 상호작용과 정서를 제공하는 기관은 없다. 따라서 교육기관의 조력을 받되 아동의 정서적 발달과 신뢰감은 부모와의 관계에서 나온다는 점을 명심해야 하며, 정부도 가급적 부모가 아이를 돌볼 수 있는 방향으로 정책을 발전시켜야

아이와 공감하고, 소통하는 감성을 갖기 위한 부모 교육

한다. 또한 교육기관은 부모교육을 병행함으로써 아이가 느끼는 것에 공감하고, 소통하는 감성을 갖도록 하는 것이 중요하다.

많은 부모가 토로하는 문제점은 아이의 잘못된 행동에 대한 것이다. 그러나 아이의 행동은 나름대로 의도를 가지고 있다. 부모가 아이를 제대로 이해하지 못하고 합리적이지 않은 행동이라고 생각하여도 아이는 자신이 생각한 바에 따라 행동하고 무엇인가를 이루기 위해 행동한다. 그러나 성인과 달리 아동은 그러한 행동에 대한 결과를 예측하지 못하는 것이 다를 뿐이다. 예를 들어, 뜨거운 물에 손을 넣거나 식당에서 뛰어노는 등의 행동을 하는 것은 아이의 지각 능력이 충분히 발달하지 못하고 결과를 체험한 적이 거의 없기 때문이다. 따라서 아이의 행동을 비난하기에 앞서 주의 깊게 바라보고 아이가 의도하는 바를 안전하게 이루도록 유도·지원할 필요가 있다. 또한 좋지 않은 행동을 하는 아동의 경우, 이러한 행동이 나오는 이유는 긍정적인 방식으로는 목표를 달성하기 어렵다고 느끼기 때문인 경우가 많다. 따라서 긍정적 행동을 할 때 내가 원하는 바를 성취하거나 집단 속에서 활동할 수 있다는 확신을 줄 필요가 있다. 따라서 아이가 좋지 않은 행동을 반복한다면 이러한 행위를 할 때 부모가 아이에게 관심을 주기 때문일 경우가 많다는 점을 인식하고 더 많은 관심을 기울이고 소통을 할 필요가 있다.

교사의 역할

부모의 직장생활이 일반화되고, 국가의 아동 교육의무가 강화되면서 2019년 기준 전국에는 총 200만 개 정도의 유치원과 어린이집이 있는 것으로 집계되고 있다. 이러한 현황은 출생률의 저하로 인해 향후 많은 감소로 이어지겠지만, 대단히 많은 수의 아동 위탁 및 교육기관이 존재한다는 것을 알 수 있다. 따라서 이제부터는 가정이나 부모와 같은 교육환경을 만들고, 보다 체계적이고 합리적인 교사의 활동이 이루어지도록 하는 것이 중요하다. 특히 합계출산율이 0.78대를 넘어 더 낮아지고 있는 상황에서 정부는 아동 한 사람, 한 사람이 결국 대한민국의 미래와 직결된다는 점을 고려하여 정책을 만들고 환경을 개선해야 할 것이다.

일부 몰지각한 아동 교육시설의 행위로 비난을 받고 있으나, 현재의 영유아 교육기관은 과거 아동을 일정 기간 돌보면서 신체적 요구에 부응해주는 제한적 역할에서 벗어나 유아기 발달의 중요성을 인식하고 신체적·정서적 발달을 도와 미래 성장의 토대를 만들어주는데 초점을 맞추고 있다. 이러한 추세에 따라 영유아 보육시설이나 유치원 등의 교육기관은 자체적으로 교사의 능력과 인성에 많은 관심을 가지고 교사 채용에 반영하고 있다. 정부도 보육 책임을 상당 부분 떠안음으로 인해 이러한 문제를 인식하고 있으나, 공교육에 대한 개념이 명확하지 않고 많은 부분과 책임이 아직도 민간에 맡겨져 있어 학부모 요구와 정부의 규제 속에서 민간이나 국·공립기관의 교사가 겪는 어려움은 상당한 상황이다. 이러한 어려움에도 불구하고 교사는 최선을 다해 아동의 보호와 발전에 노력해야 할 것이며, 정부는 교사와 운영의 어려움을 해소하기 위해 지원을 아끼지 말아야 할 것이다.

현행 교육에 대해 몇 가지 명심해야 할 사항을 이야기하면 다음과 같다. 학부모는 아동의 절대적 보호자이자 교육자이나 여러 가지 이유로 아동을 교육기관에 맡길 수밖에 없는 것이 최근의 사회환경이다. 따라서 교사는 우선 부모의 역할을 대신하여 아동의 보호자로서 정서적·심리적 안정감을 제공하는 동시에 감각기관의 발달과 신체적 발달 환경을 유도할 수 있는 다양한 역할을 해나가야 한다. 현대 영유아 교육기관의 교사가 수행해야 할 과업을 좀 더 세부적으로 살펴보면, 교육활동 전반에 대한 교육을 세우고 유아 성장 특성에 맞는 교육을 시행해야 한다.

아동의 감각과 지능을 개발할 수 있는 교육 프로그램을 환경에 부합하도록 발전시키는 것, 아동의 흥미를 유발할 수 있는 다양한 교육 기재와 방법을 고안하는 것, 교육과정에서 발생할 수 있는 각 개인의 반응과 관계를 고려하여 융통성 있게 학습을 시행하는 것이 교육과정의 설계자로서 역할이다. 다음에 각 아동의 학습 상황, 동료와의 관계, 특이점 등을 정리하고 하루, 주간, 월간 등의 결과를 분석하여 아동에 맞는 지도를 하는 한편, 교사와의 긍정적인 상호작용을 도모하여야 한다. 특히 교사와 아동은 끊임없는 상호작용을 하는데 이러한 상호작용은 어떤 수업보다 중요하다. 그 이유는 아동에 대한 교육은 성인으로 자라나면서 필요한 지식을 제공하는 것보다 인지 역량과 정서적 성장을 이루어내는 것이 중요하기 때문이다.

이러한 과정에서 교사는 상담 및 조언자로서 역할을 하게 되는데 이렇게 되기 위해서는 아동에게 관심과 애정이 바탕이 되어야 한다. 또한 아동에게 무엇을 하도록 지시하거나 통제하는 것이 아니라, 스스로 의사결정을 하도록 도와주며 유아의 창의적 성장과 자아실현을 도와주는 역할에 충실해야 한다. 물론 이러한 역할은 말과 같이 쉬운 과정이 아니라는 것을 누구보다 잘 알고 있다. 아동을 돌보고 교육을 하다 보면 어떤 아동에 대해서는 불편한 마음이 들기도 하고 이로 인해 내가 생각하는 바를 아동에게 강요하거나 질서 속에서 행동을 요구하게 되는 경우가 발생하는 경우도 있다. 하지만 이러한 현상은 아동을 일률적 기준에서 평가하거나 개인의 성향으로 바라보기 때문에 발생하는 문제점이다. 이러한 현상을 보이는 아이의 경우 가정에서 발생한 정서적 문제, 현재의 교육환경과의 부조화, 아이들 간의 관계 등에서 갈등을 겪는 경우가 많다는 점을 인식해야 한다. 따라서 문제를 인위적으로 해결하려 하지 말고 부모와의 협조 등을 통해 다층적 지도를 할 필요가 있다. 또한 아동 간에 심각한 갈등이 발생하는 경우 부모협의체 등을 통해 해결을 의논함으로써 작은 문제가 감정적 상황으로 확대되거나 아이가 상처를 받는 일은 없도록 해야 한다.

인공지능에 대한 논의와 논쟁이 지속되고 있다. 과거 인간만의 특성으로 정의되던 학습 능력, 창의력 등은 이제 그 경계가 거의 무너져 가고 있는 상황이다. 이러한 상황에서 아동 교육의 미래는 영어를 잘하거나 한글을 깨치는 등의 지식 선점형 인간을 만드는 것이 아니라 다양한 변화환경에 적응해 나가며 인간다움을 유지할 수 있는 창의적이고, 인지적 인간을 육성하는 데 초점을 맞추어야 한다. 교사는 아동을 미성숙한 존재이자 성인의 보호를 받아야만 하는 수동적 존재로 보던 과거의 관점에서 벗어나 능동적이며 주체적이고, 적절한 지도와 지지가 이루어질 경우 자신의 삶을 이끌어 갈 수 있는 존재이자 인격체라는 관점에서 상호작용에 중점을 둔 보호·교육자로서 역할을 해나가야 할 것이다.

교육환경의 역할

아동의 교육환경은 그들의 성장과 발달에 큰 영향을 미친다. 아동이 성장하는 환경은 그들의 인지, 신체, 정서, 사회적 발달에 영향을 미치며, 이는 그들의 미래에 대한 가능성을 좌우한다. 이러한 성장 과정과 요구 조건에 맞는 교육환경을 구성하고 제공하는 것이 중요한 사회적·국가적 역할이다. 아동의 교육환경을 크게 구별하면 가정, 교육기관, 그리고 놀이터와 같은 비정형 환경 등으로 구분할 수 있다. 가정에서는 부모의 교육 태도와 가정환경이 중요한 역할을 한다. 교육기관에서는 교사와 학생의 상호작용, 교육환경 등이 중요하다. 거주지 주변 놀이 공간에서는 안전한 공간 속에서 아동들이 서로 어울려 지낼 수 있는 사회문화적 공간을 구성해주는 것이 필요하다.

이러한 다양한 교육 공간 중 교육기관을 통해 만들어지는 공간은 그 중요성으로 인해 제3의 교사(the third teacher)로 불리고 있다. 제3의 교사라는 용어는 이탈리아의 교육가인 로리스 말라구지

(Loris Malaguzzi)가 만든 용어로, 부모와 교사의 역할에 못지않게 교육환경을 만들어주는 것이 중요하며 이 속에서 어린 학습자들이 탐구하고 실험하면서 자신의 생각과 가설을 맘껏 검증할 기회를 보장할 때 그들이 가진 본연적 인지능력이 향상되고 인재로서 자라나게 된다고 주장하였다. 우리 사회의 아동 관련 법 체계를 살펴보면 제한적이긴 하지만 이러한 교육환경과 체계에 관심을 두고 있는 것을 볼 수 있다.

아동의 교육환경은 그들의 성장과 발달에 큰 영향을 미치므로 적절한 교육환경을 제공하는 것이 매우 중요한데, 일반적으로 정부가 추구하고 있는 교육환경은 아래와 같은 특징을 가지는 것을 알 수 있다. 가장 중점을 두고 있는 것이 안전하고 건강한 환경을 보장하는 것이다. 아동들은 안전하고 건강한 환경에서 성장해야 한다. 교육환경은 아이들의 안전과 건강을 보장할 수 있어야 하는데, 안전과 건강은 외부로부터의 물리적 환경적 위협뿐만 아니라 내부의 환경 즉, 동선상 존재하는 시설이나 기자재, 조리기구 등에서 발생할 수 있는 위험성, 그리고 놀이기구와 장난감 등을 고려하는 안전성이다.

두 번째, 자유로운 환경을 만드는 것이 중요하다. 아이들은 자유롭게 생각하고 표현할 수 있는 환경에서 성장해야 하여야 한다. 이에 교육환경은 아이들이 자유롭게 표현할 수 있는 공간과 시간을 제공해야 한다.

세 번째, 참여적인 환경이다. 아이들은 참여적인 환경에서 성장해야 한다. 따라서 교육환경은 아이들이 참여할 수 있는 활동과 프로그램을 제공해야 한다.

네 번째, 다양한 경험을 제공하는 환경이다. 아이들은 다양한 경험을 통해 성장한다. 그러므로 교육환경은 다양한 경험을 제공할 수 있는 환경이어야 한다. 예를 들어 자연환경 속에서의 산책, 다양한 놀이, 예술적 체험, 운동 등을 할 수 있는 환경은 좋은 경험 환경이라 할 수 있다.

다섯 번째, 친밀한 환경이다. 아이는 친밀한 환경에서 성장한다. 이에 교육환경은 아이들이 친밀한 관계를 형성할 수 있는 공간과 시간 등을 고려해야 한다.

이러한 교육환경 조성은 좀 더 혁신적 차원에서 지속적인 지원이 이루어질 때 가능하다. 물론 우리 사회도 안전하고 창의적인 교육환경을 조성하기 위해 다음과 같은 측면에서 사회적, 제도적 장치를 마련하고자 노력하고 있다. 우선 교육시설에 대한 법적 규제를 강화하여 민간 또는 국·공립 시설이 안전한 교육환경을 조성할 수 있도록 "교육시설 등의 안전 및 유지관리 등에 관한 법률(법률 제18635호. 2021. 12. 28)" 등을 만들어 시행하고 있다. 참고로 이 법은 유아교육으로부터 초·중등교육, 평생교육 등에 관한 학교 및 시설의 기준을 정하고 있다. 특히 법의 강제를 위해 국가와 지방자치단체의 책무를 명시하고 있는데, 국가와 지방자치단체는 교육시설에 대한 종합적인 관리기준과 지원체계를 구축하고 안전하고 쾌적한 교육시설을 확보하기 위해 필요한 시책 마련, 사고예방 노력, 재원 조달 등을 명시하고 있다. '교육환경 보호에 관한 법률(약칭: 교육환경법)(법률 제18636호, 2022.6.29.)'도 이러한 목적으로 제정된 법령으로 학교기관뿐만 아니라 생활공간 속에 조성된 교육 및 아동 활동공간의 안전을 위해 교육환경 보호를 위한 정책의 기본방향과 교육환경 보호구역에서의 금지행위 등을 명시하고 있다. 이는 교육자 및 보호자의 역할을 보장하는 것으로 교육자와 보호자는 아이들의 안전과 건강을 보호하고, 창의적인 교육환경을 조성하는 데 중요한 역할을 하기 때문에 교육자 임명 조건과 육아휴직 등과 같은 제도적 장치를 통해 이를 보장하고자 하는 의도를 가지고 있다.

그러나 이러한 다양한 노력에도 다소 아쉬운 것은 아동의 정서적 성장을 보장할 수 있는 법·제도 장치보다 아동의 보호에 관심을 두는 법과 제도 마련에 초점을 두는 정책 방향이다. 이는 위에서 개괄한 많은 법령이 아동의 창의적 인재 육성보다 아동의 안전한 보호와 교육환경 마련을 통해 국가가 부모의 노동력을 활용하는 데에는 성과를 거두고 있으나 종종 발생하는 영유아 교육기관의 사고에서 볼 수 있듯이 교육의 질을 높이는 데에는 크게 관심을 두고 있지 않다는 점을 근본적으로 개선해야 한다는 당위성에 근거한다. 아동은 하나의 인격체로 그들의 가진 천부적 권리를 누릴 권한이 있으나, 이를 교육기관에 맡김에 따라 어떤 기관에서는 상상하기 어려운 폭압적 행위가 일어나는가 하면 아동의 행복과 신체·정서적 발달을 돕는 것보다 학부모를 상대하거나 아이들을 체험 현장에 데리고 가서 사진을 찍어 부모의 만족감을 느끼게 하는 데 더 많은 노력을 기울이는 현상도 발생하고 있다. 따라서 이제부터 정부는 아동의 교육이 과학적 근거에 기반하여 질적으로 높아질 수 있도록 현행 제도를 개선, 발전시킬 필요가 있다.

3

당신의 아이가 어른이 되기 전
바꿀 것을 싹 바꿔라

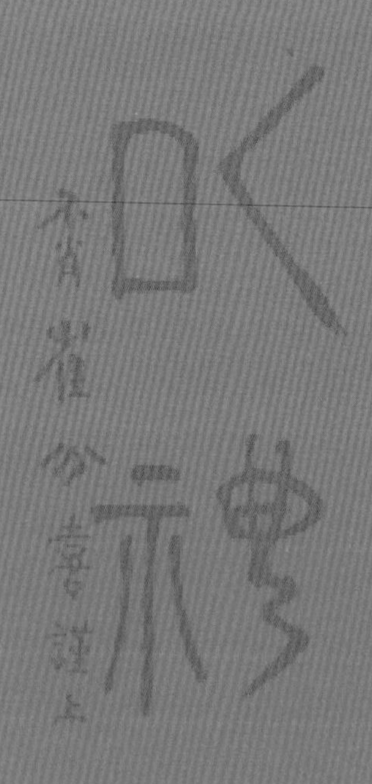

이례(以禮) : 예로써 하다

아이교육에 대한 인식변화 필요성

최근 예산 절감 및 효율성 제고의 일환으로 어린이집과 유치원의 보육과 교육을 하나로 통합하려는 계획인 유·보 통합이 사회적 이슈가 되고 있다. 유보통합의 어원은 유아교육(유치원)과 보육(어린이집)을 통합하는 것으로, 정확하게는 보건복지부 관할 어린이집과 교육부 관할 유치원으로 이원화되어 있는 아동 교육을 단일한 기관으로 통합하는 것이 주된 목표라고 볼 수 있다. 그러나 교육의 근본적 목적과 전문적 내용을 무시하고 정책의 효율성이나 예산 절감 차원에서 일원화가 거론되고, 교사의 질을 문제 삼아 이를 거부하는 상황이 반복되는 것은 매우 아쉬운 부분이다. 특히 더 아쉬운 것은 이러한 갈등이 아이에게 양질의 교육환경을 제공하기 위한 고민의 과정이 아니라 이해관계가 있는 집단 간 이해관계로 인해 발생하고 있다는 점이다.

1960년대 아동 교육은 아동의 건전한 발달보다 부모의 노동력을 활용하고자 하는 경향이 강하였으나, 국가 경제가 커지고, 교육의 차별성이 필요하게 됨으로써 이를 담당하는 교육기관과 교사의 교육 프로그램도 발전하게 되었다고 볼 수 있다. 이러한 정책 목적으로 인해 영유아를 다루는 정부 부처는 보건복지부가 되었고, 유치원은 교육부가 담당하게 되었다.

이 두 개의 기관은 아동을 다룬다는 점에서는 공통적 특성을 가지고 있으나, 유치원은 아동의 신체적 인지적 성장이 어느 정도 이루어진 상황에서 자신의 의사를 표현할 수 있는 아동을 상대로 일상생활과 사회적 기술 습득의 초보적 교육을 시행하는 반면, 어린이집은 아직 감각과 신체적 성장, 언어의 발달이 이루어지지 않은 아동이 보다 균형되게 발전할 수 있도록 신체 및 인지력 성장 중심의 교육을 실시하고 있다는 점이다. 따라서 행정의 편의를 중심으로 통합을 추진하거나, 교사의 자격(유치원 교사는 정교사 자격 필요, 어린이집 교사는 보육교사 자격증)에 따른 기득적 관점과 급여 감소 가능성에 따라 반대를 하는 것은 합리적이지 않다. 특히 합계출산율이 0.78을 기록하고 더 낮은 상태로 내려가고 있는 상황에서 아동이 보다 균형된 시각과 육체를 가지고 자라나도록 국가적 노력을 집중할 필요성이 있는데, 아직도 맞벌이 가정의 보호자의 편의를 제공한다는 인식을 가지고 아동을 보육 기관에 더 머무르게 한다든가, 각 이익집단의 유불리(有不利)에 따라 정책에 영향을 미치거나, 정책의 본질을 무시하고 행정 편의에 따라 정책을 만들고 시행하는 것은 타당하지 않다.

따라서 정부는 어떻게 아동을 과학적이고, 행복하게 만들 것인가를 논하고 이후 각 부처와 사회기능을 어떻게 구성할 것인가를 논하는 것이 필요하다.

현재의 인구감소 현상을 볼 때 미래 대한민국은 적은 인구를 우수한 인적자원으로 성장시켜 국가적 역량을 극대화할 수 있도록 만들어야 국가의 번영을 이어갈 수 있다. 그런데 역량있는 국민, 인적자원은 지식뿐만 아니라 창의성과 활동 역량을 가져야 하며, 건전한 정신과 신체적 역량을 갖출 때 가능하다. 따라서 우선 아동 교육에 대한 방향 설정을 바탕으로 어떠한 자격을 갖춘 교사를 양성하고, 어떠한 교육환경을 만들 것이며, 어떠한 제도적 장치를 마련할 것인가를 원점에서 재검토하고 이를 바탕으로 교육체계를 재설계한 이후 어느 기관이 이를 관장하는 것이 적절한가를 논의해야 한다. 특히 대한민국의 미래는 과거 근대산업국가와 확연히 다른 경향을 보일 것으로 예상되며 이러한 변화는 오래전부터 나타나고 있다. 따라서 현재와 같이 아동의 특성과 행복은 뒷전으로 하고 행정의 편의성과 표 획득에 기반하는 정치적 이해관계에 아동교육이 영향을 받는다면 행복하지 않은 아이들을 양산하게 될 것이고, 부모

또한 아동의 불균형적 성장으로 인해 상당한 고통을 느끼게 될 수 있다. 또한, 이 틈새에서 자격을 갖추지 못한 교육자와 교육환경이 만들어지는 현재의 불합리를 지속시킬 것이며 이러한 괴리의 악순환 속에서 출산률은 더 낮아질 수밖에 없다.

이러한 점을 고려하여 정부는 아동의 성장에 맞춰 어떠한 교육을 할 것인지, 이러한 교육을 위해 교사에게는 어떠한 능력을 요구할 것이며, 교육환경과 지원정책은 어떠한 방향으로 만들어갈 것인지에 대해 고민하고 이를 효율적으로 구현할 수 있도록 관장 부처를 정해야 한다. 또한 관장 부처가 정해지면 하위 행정기관도 이에 맞게 전문인력을 배치하고 전달체계의 말단요소인 아동 교육기관의 합리적이며, 합목적적 운영을 지도해야 한다. 현재와 같은 탁아형태 또는 공급자 중심의 교육체계가 아니라 아이의 행복한 성장을 지원함으로써 미래 대한민국의 동량을 키워내는 기초를 만들어야 한다.

법령과 제도의 변화 방향

사회 발전에 따른 아동 교육의 변화

아동 교육은 거시적으로 성인교육의 토대를 만드는 과정으로 볼 수 있다. 이는 아동 교육의 목적과 특이점에도 불구하고 국가의 교육체계 속에서 교육이 이루어진다는 것을 의미한다. 따라서 아동 교육의 변화와 발전을 논하기 위해서는 현대 국가의 교육체계를 돌아볼 필요가 있다. 현대의 교육체계는 사회의 인적자원 조달, 가족구조와 밀접하게 연계되어 있다. 교육학 용어에 따르면 교육은 학문적으로는 인간이 삶을 영위하는 데 필요한 모든 행위를 가르치고 배우는 과정이며 수단을 가리키는 단어로, 슈프랑거(Spranger, Eduard)는 비교적 성숙한 사람이 미숙한 사람을 자연의 상태에서 이상의 상태로 끌어올리기 위하여 유의적 가치를 부여하는 문화작용으로 보았지만, 페스탈로치(Pestalozzi, J. H.)와 같은 학자는 교육을 사회의 계속적 개혁 수단으로 보면서, 의식적 자아나 자율적 개인의 완성보다는 민족이나 국가의 발전 또는 사회 개조를 가능하게 하는 동력으로 보았다. 이 밖에도 전인적 인간 육성 등 다양한 시각에서 교육을 해석하는 관점도 있다. 그렇다면 대한민국의 교육은 어디에 목적을 두고 있는지를 살펴보고 이를 기초로 개선 방향을 논할 필요가 있다.

우리 사회의 교육체계는 국민 한 사람, 한 사람을 노동력으로 보고 태어날 때부터 죽을 때까지 관리하는 고도의 중앙집권적 시스템을 기반으로 하며, 인간의 전인적 삶을 보장하기 위한 변화가 함께 어우러지는 체계를 가지고 있다고 볼 수 있다. 그런데 이러한 노동력 중심의 교육체계는 사실 17세기에 등장한 등장한 근대산업국가의 교육체계이다. 근대산업국가는 인력과 자본은 근간으로 국가의 발전과 부의 축적을 이루는 원리에 기반하는 사회로, 국가·사회체계가 효율적으로 유지되기 위해서는 생산의 근간이 되는 인간의 노동력을 효과적으로 획득·관리해야 하며, 자본은 이윤을 가져가고 노동자는 임금을 가져감으로써 부의 분배와 국가 재원이 마련되는 시스템이 유지되어야 한다. 또한, 한 쌍의 부부와 미혼의 자녀로 구성되는 핵가족은 중요한 노동력 확보의 원천이다.

핵가족은 산업사회에 필요한 노동력 확보를 위해 만들어진 사회

체계로 남자는 생산에 참여하고 여자는 가정에서 아이들을 돌보는 분업체계를 특징으로 한다. 이러한 체계에서의 아동 교육기관은 부모의 보조적 역할을 수행하게 되기 때문에, 아동의 신체 발달이나 인지력 향상 및 생활 교육은 대부분 가정에서 이루어지며 아동 교육기관은 단기간 탁아나 아동에게 필요한 간단한 지식 습득 등을 목적으로 하는 교육을 하게 된다. 이러한 체계에서 파생된 것이 선행학습이나 영어교육과 같은 것들이다.

그런데 현대사회를 돌아보면 물리력 중심의 전통적 일자리는 빠르게 기계로 대체되고, 지식 기반 일자리가 주종을 이루는 산업구조가 만들어졌으며 이로 인해 여성의 직장 활동이 급격히 증가하고 있다. 또한 경제성장과 함께 생활비용도 급격히 증가하여 한 사람의 노동력만으로는 기본적 생활 이외의 문화적 생활을 하지 못하는 상황이 조성됨에 따라 부득이 여성도 일자리를 가져야 하는 상황이 되었다. 이는 국가적 차원에서 보면 노동력의 총량이 늘어나는 효과를 가져왔지만 아이는 과거 핵가족 속에서 받았던 어머니의 충분한 보살핌과 정상적인 신체적·인지적 발달을 가정이 아닌 정부가 제공하는 교육기관에서 받게 되었다. 또한 학교 교육방식과 사회 발달, 학교 교육내용과 사회 요구지식 간에 상당한 간극이 발생함으로써 과거와 같은 주입식·암기식 교육은 더 이상 힘을 발휘하지 못하게 되었고, 자신과 다른 사람의 감정을 이해하는 능력과 자신의 삶을 풍요롭게 하는 방향으로 감정을 통제하는 EQ(emotional quotient, 감성지수) 능력이 중요하게 되었다. 이러한 사회적 변화에 따라 사회나 국가는 당연히 교육의 목적과 방법에 변화를 가져올 수밖에 없는 상황에 놓이게 되었다.

대한민국의 교육은 "어디에 자리하고" 있으며, "어떠한 방향을 지향"하고 있는가?

근래 대학이 학문의 융합을 서두르고, 새로운 방향의 교육 방법을 위해 머리를 맞대고 있는 것은 이러한 변화가 제4차 산업혁명 기술 융합으로 인해 가속화되고 있기 때문이다. 그렇다면 사회변화에 따른 아동 교육의 방향은 어떠해야 하는가? 우선 핵가족에서 중요한 역할을 하던 어머니의 역할이 거의 사라진 지금, "어머니의 역할을 어떻게 담을 것인가?". 또한 과거와 같이 많은 형제자매 속에서 갈등과 협력을 자연스럽게 습득하는 환경이 아니라 개인이 중심이 되는 환경 속에서 자라난 아동을 어떻게 지도해서 "다른 사람의 생각을 이해하고, 협력하며 자신의 역량을 잘 발휘할 수 있는 아동으로 자라나게 할 것인가?". 이러한 것이 아동 교육을 담당하고 있는 교육기관과 국가가 고민해야 하는 방향이라 생각한다.

아동 교육 관련 법령의 문제점과 발전방향

사회 구조가 고도화되면서 사회현상을 반영한 많은 법령이 만들어지고 있다. 아동 교육도 예외는 아니어서 직접적으로 아동 교육을 다루는 법령으로부터 아동교육과 관련되 내용을 일부 포함하고 있는 법령, 아동 교육에 영향을 줄 수 있는 다양한 법령 등이 존재한다. 현재 대한민국의 대표적인 아동 교육 법령을 살펴보면 다음과 같다.

「교육기본법」이다. 이 법은 교육의 목적, 교육제도, 교육과정, 교육행정 등을 규정하고 있다. 아동의 기본적인 교육권을 보장하고 교육의 질 향상을 목적으로 한다.

「초·중등교육법」이다. 이 법은 중등 교육뿐만 아니라 초등교육에 대한 기본적인 사항을 규정하고 있다. 법령에서 주목할 것은 교육과정, 교원의 자격, 교육시설 등에 관한 조항이다.

「아동복지법」이다. 이 법은 교육기관의 운영 관련 법령만큼 아동 교육에 큰 영향을 미치는 법으로, 주로 아동에 대한 보호와 복지에 관한 내용을 다루며, 학대 방지 및 조치, 아동학대 피해 아동에 대한 지원, 보호시설 운영 등이 포함되어 있다.

「유아교육법」 또한 중요한 법령이다. 이 법령은 유아교육에 대한 기본적인 원칙과 지원체계를 규정하고 있으며, 유아교육의 질 향상과 유아의 권리 보장을 목적으로 하고 있다.

이밖에 영향을 미치는 법으로 「교육공무원법」이 있다. 이 법령을 분석해보면 교육 집행 책임기관이자 매개 역할을 하는 공무원을 운용하는 부처는 아동 교육이 교육 성격과 아동 연령에 따라 보건복지부와 교육부로 구분되어 있으나 지방자치단체의 경우 일반적으로 이러한 교육을 담당하는 부서는 한두 개이며, 업무가 명확하게 구분되어 있지 않다는 것을 알 수 있다.

그렇다면 법령의 타당성을 판단하기 위해 이러한 법령들이 담고 있는 가치가 현재의 사회 구조 변화와 근본적인 교육 목적을 구현할 수 있는가를 볼 필요가 있다. 관련 내용 분석을 토대로 몇 가지 보완이 필요한 부분을 도출하면 다음과 같다. 우선 교육의 정의이다. 교육기본법(법률 제19736호) 제2조에 따르면 교육은 "홍익인간(弘益人間)의 이념 아래 모든 국민으로 하여금 인격을 도야(陶冶)하고 자주적 생활능력과 민주시민으로서 필요한 자질을 갖추게 함으로써 인간다운 삶을 영위하게 하고 민주국가의 발전과 인류공영(人類共榮)의 이상을 실현하는 데에 이바지하게 함을 목적으로 한다."로 정의하여 이상적 가치를 표명하고 있으나 실질적인 교육이 지향하는 바를 정의하고 있지 않아 현실과의 괴리가 있다. 이 부분이 중요한 이유는 대한민국의 교육 이념과 교육이 구현하고자 하는 바가 이 문장에 담겨지고 이를 기초로 교육의 구체적 방향이 결정되기 때문이다. 따라서 교육기본법에 현대 사회가 추구해야 하는 교육목적이 담겨져야 하지만, 위의 개념을 제2조(이념) 부분에 담는 것이 어렵다면 제9조(학교교육)에라도 담아야 한다. 교육은 지식의 전달이나 규율의 체화도 중요하지만 학교교육은 성장하는 힘을 조직적으로 길러 본인의 삶의 조건을 만들어감과 동시에 학습하려는 성향을 갖추게 하는 데 목적이 있다. 따라서 학교교육이 단순히 직업을 수행하는 데 필요한 지식의 전달이나 규율을 지키는 준법 시민을 만드는 국가적 목적이 아니라, 고유성을 가진 개인의 관점에서 교사의 경험과 지식, 직관을 넘어 우리 사회가 가지고 있는 역량을 동원하여 각자의 성장을 축적하도록 지원하고, 동시에 교실에서의 완성이 아니라 교실에서 시작되어 삶으로 나아갈 수 있는 역량을 만들어준다는 방향으로 목적과 지향을 정리할 필요가 있다. 또한 최근 아동교육 지원체계가 변화하고 있는 점을 고려하여 제8조(의무교육)에 대한 정의도 고민할 필요가 있다. 즉 아동 교육을 단순히 보호와 수용, 기초교육 목적으로 구분하는 것이 적절한 것인지를 우선 고민하고, 이러한 바탕 아래 초등학교 입학 이전의 아동 교육을 어떻게 바라보고, 어떠한 목적으로 교육하도록 할 것인지 판단해야 한다는 것이다. 이는 현재 유·보 통합에서 벌어지고 있는 갈등이 교육의 질을 높이기보다 관장 부서의 힘겨루기, 교육기관의 이익에 의해 발생하고 있기 때문에 아동 교육의 본질을 왜곡

하고 있다는 점을 고려하여 아동 교육의 목적과 지향방향을 보다 명확하게 정의하고, 각 교육기관이 지향해야 하는 방향을 제시할 필요가 있는데 이를 구현하는 효과를 가져올 것이다.

아동 교육기관의 설치와 교육 방향의 실질적 기준법령 역할을 하는 하나는 아동복지법(법률 제19605호)이라 볼 수 있다. 그런데 이 법 제3조 10항의 아동복지시설에 대한 정의, 11항의 아동복지시설 종사자의 정의 등을 보면 아동 시설은 주로 아동의 보호, 양육 지원에 초점이 맞추어져 있는 것을 볼 수 있으며, 제50조(아동복지시설의 설치) 1항에도 "국가 또는 지방자치단체는 아동복지시설을 설치할 수 있다."라고 명시하여 아동복지시설이 단순히 탁아수준에 머무는 문제점을 발생시키고 있다.

즉 이러한 법 문구가 아동 교육을 이분화함과 동시에 마치 유아담당 시설은 복지 차원의 수용·보호 중심으로 운영되고, 유치원과 같은 시설은 지식을 가르치는 시설로 이해되는 문제를 발생시키고 있다. 따라서 우선 복지시설과 아동 시설의 구분이 필요하고 이러한 교육을 위한 교사의 조건과 운영 목적 등을 세심하게 정리하여 담을 필요가 있다. 다시 말해, 아동 교육기관은 보호만을 하는 것이 아니라 아동의 정상적인 신체 발달을 지원하고, 성인으로 자라나는 데 기초가 되는 인지능력과 창의력 개발의 근간이 된다는 점이 함께 담아져야 한다는 것이다.

유아교육법(법률 제19737호)은 만 3세부터 초등학교 취학 전까지의 어린이를 다룬다는 제2조(정의)에도 불구하고 대부분 내용은 유치원을 중심으로 하고 있고, 기관의 설치와 운영에 관한 사항으로 구성되어 있다. 이러한 문제점은 아동 교육의 방향이 기관의 해석에 따라 상당한 차이를 보이는 원인을 제공하고 있다. 물론 아동 교육 기관이 '스파르타'나 '나치 독일'과 같이 한 방향을 지향하는 것이 아니라고 해도 아동의 건전한 신체 발달과 인지력 향상에 대한 기본적 정의와 교육 반향 등을 정의할 필요가 있다.

특히 아동복지법과 유아교육법의 아동 개념과 각 기관의 목적이 수용·보육과 교육으로 이분화되어 있는 점은 두 개 정부 부처가 머리를 맞대 정리를 할 필요가 있으며 인구절벽에 대비할 수 있다.

향후 인간의 미래는 기술의 고도화에 따라 엄청난 사회변화를 가져올 것이며, 이로 인해 아동 및 초등 교육기관의 목적은 지식이 중심이 되는 교육보다 인간다움을 중심으로 창의력과 인지력, 공감력 향상을 목적으로 하게 될 것이다. 이러한 점을 반영해야 대한민국이 현재의 발전을 지속할 수 있다. 아동 시설 또한 단순한 수용·보육을 넘어 부모가 수행하던 양육의 전반적 역할을 할 수 있도록 해야 한다. 답답한 것은 이러한 사회적 변화를 아직도 법이 따라가지 못하는 반면, 사회의 이익집단은 발 빠르게 움직여 새로운 시장을 만들었다. 이러한 법제도 불비와 정부의 인식 부족, 시장의 재빠른 수용이 유·보 통합의 갈등을 만들고 있는 것이다. 이러한 제도상 문제점의 가장 큰 피해자는 아동이다. 아동은 현재의 제도 속에서 행복함을 느끼는 교육은커녕, 어린이집, 피아노학원, 영어학원을 순회해야 하는 고된 삶 속에 노출되고 있다. 따라서 대한민국의 미래를 위해 아동 교육의 방향을 보다 명확하게 정리하고 이를 뒷받침할 수 있는 법령과 제도의 개선에 좀 더 많은 노력을 투입해야 할 것이다.

교육행정의 변화 방향

유아교육의 전문성을 고려해야

아동정책이 출산장려 정책과 맞물리면서 유아교육의 공공성이 강화되고 있어 행정 수요 또한 증가하고 있다. 그러나 대부분 주기능 중심으로 조직된 정부, 시·도 교육기관과 아동교육 담당 부서의 편성을 보면 부서 편성은 고사하고 전문인력도 운영하지 못하는 상황이 지속되고 있다. 물론 일부 지자체의 경우 아동교육의 중요성을 인식하여 인력 증가 등을 요구하고 있으나, 세부적으로 들여다보면 아동 교육을 담당하는 행정조직 구성원의 요구조건은 유치원 교육에 집중되어 있는 것을 알 수 있다. 따라서 국공립 교육시설의 비율이 높은 전남·제주·세종(80%), 충남·충북·강원·전북(70%)과 달리 사립 아동 교육시설이 60%를 넘는 서울·부산·대구의 경우 민간시설의 효율적 운영과 정책의 목적 사이에서 어떠한 방식으로 이들을 관리해야 할 것인지에 대해 생각해 볼 필요가 있다.

정책 방향을 모색하기 위해 현재 지방자치단체의 아동교육의 행정조직을 좀 더 구체적으로 살펴보면, 일반적으로 교육국 내 '과' 수준으로 편제되어 있다. 그러나 명칭과 관장 사무는 다소 차이가 있다. 전국 각 지자체의 운영유형을 분석해 보면, 유아교육 전담 조직을 만들어 운영하는 경우, 유아교육과 특수교육 또는 유아교육과 초등교육을 병합하여 운영하는 경우, 유아교육의 각 기능을 분산하여 관련 부서에서 각각의 기능을 수행하는 사무 분산형 형태의 세 가지 형태가 대부분인 것으로 나타나고 있다. 반면 교육지원 부서의 경우 초등교육과나 행정담당부서에 유아교육 담당 인력이 배정되어 운영되는 경우가 대부분으로, 일부 지자체의 경우 교육지원국 산하 (유)초등교육과에서 유아교육을 별도 담당하거나 세분화하여 업무를 구분하는 경우도 있는 것으로 나타나고 있다. 특히 하위기관의 경우 대부분 초등교육 담당기구 내에 유아교육 담당관이 업무를 담당하거나, 초등교육 담당 실무자가 유아교육을 담당하고 있는 경우도 상당수에 이르고 있다.

아동 교육에는 많은 오해가 있다. 일반적인 오해는 유아교육이 단순히 아이를 잘 보호하면 된다고 생각하는 것이다. 그러나 유아교육은 다양한 과학 분야가 녹아있는 분야이다. 다만 대한민국의 교육이 지식 주입 중심으로 구성되어 있다 보니 유아교육을 아동의 감각 발달과 인지 및 신체능력 향상이라는 특수한 목적을 가진 교육으로 바라보기보다 학습의 하위 요소 정도로 보는 데에서 문제가 발생하는 것이다. 이러한 오류가 두드러지게 나타나는 곳이 교육행정기관이다. 현재 정부 및 지자체의 교육 행정부서 편성을 보면 유아교육 부문을 유치원이나 초·중등교육 담당관이 함께 다루고 있는데 이는 아동의 올바른 성장이라는 개념을 제대로 이해하지 못하거나 지식 전달 교육에 중점을 두고 있기 때문에 부서를 편성하고 정책을 만드는 데 오류가 발생하고 있는 것이다.

이러한 주장의 타당성은 전국 교육 지원부서 인적 편성을 보면 잘 알 수 있다. 현재 전국의 29개 교육지원청 구성을 보면, 유아교육을 전담하는 부서는 아예 없고 전문직 직원도 없는 것으로 나타나고 있다. 이러한 무관심이 아동교육의 본질을 훼손할 수 있는 여지를 만들고 있는 것이며, 적정 능력을 갖추지 못한 교육기관과 교사를 만드는 토양이 되고 있는 것이다. 아동교육은 올바른 신체적·정신적 성장을 목적으로 해야 한다. 이러한 인지적 능력과 건전한 신체, 소통 능력을 바탕으로 초·중등 과정을 거쳐 성장할 때 개인으로서는 행복한 성장을 할 수 있고, 국가는 보다 균형되고 창의적인 인재를 확보할 수 있게 되는 것이다.

물론 현재의 문제점이 정부의 편성 조직 증가로 인해 수반되는 재정적 어려움이나, 아동 교육 관련 교육기관의 교육이 공직으로 진출할 수 있는 교육 프로그램을 만들기보다 주로 시설 운영에 필요한 교사와 운영자를 만들기 때문에 발생하는 부분도 있다. 그러나 정부의 교육 기조가 바뀌고 이에 따라 아동교육을 운영하는 담당 부서나 담당관이 편성되게 된다면, 당연히 교육기관은 이러한 수요에 맞게 인력을 양성하고 충원하게 될 것이다. 따라서 정부나 지자체는 이러한 문제를 해결하려는 의지를 갖고 전문 담당 직위와 기구를 만드는 노력을 기울여야 할 것이다. 다행스러운 것은 최근 지자체별로 교육기관 담당자의 인력 적정성이 문제가 되면서 지자체 교육기관의 전문직 편성 요구가 증가하고 있다는 것이다.

전문적 역량을 가졌다고는 볼 수 없으나 유아교육을 담당하는 직원 채용이 이루어지고 있는데, 문제는 광역시교육청이 도 교육청보다 전문인력을 충원하려는 노력이 부족한 것으로 나타나고 있고, 각 청 내에서는 본청이 교육지원청보다 인력충원 노력이 부족한 것으로 나타나고 있다는 점이다. 이는 정책을 기획하고 추진하는 부서에서 아동교육에 대한 관심이 덜 하거나, 초등교육의 일환으로 보는 시각, 기존 채용된 직원의 기득권 때문에 나타나는 현상이라고 볼 수 있다.

시도교육청(본청) 유아교육 담당부서의 운영 형태도 응답자의 49%가 유아교육 전담 인력의 편성이 필요하다고 답하였고, 현재와 같이 초등교육과 혼합해서 임무를 부여하기보다 기능 중심으로 직위를 분리해야 한다는 의견도 25%가 넘게 제기되었다. 그러나 이를 담당하는 교육지원청의 입장은 아직도 초등교육과의 혼합형 구조를 선호하는 것으로 나타나고 있는데, 이는 재정이나 직위 편성의 문제만이 아니라 아동 교육을 초등교육의 일환으로 보는 시각이 뚜렷하기 때문에 발생하는 문제인 것으로 분석되고 있다. 또한 관련 기관에 근무하는 담당자의 경우에도 아동의 정상적인 발달에 신경을 쓰기보다 운영시설의 안전성 및 행정에 신경을 쓰는 것으로 나타나고 있어, 결국 현재와 같은 행정 중심의 체계로는 행복한 아동을 만드는 것이 어렵다는 것을 느끼게 하고 있다.

4

최분희가 꿈꾸는 교육

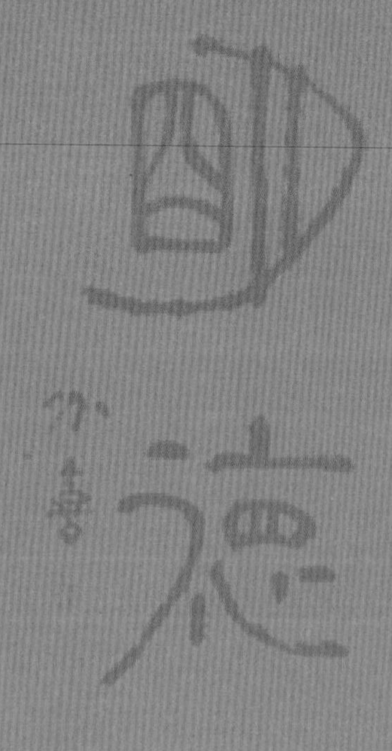

명덕(明德) : 밝음을 주는것

아이의 행복은 부모와 국가의 행복

아이 교육에 뛰어든 지 40여 년 동안 내가 추구하였던 모든 것은 "아이가 행복해야 부모도 행복하고 국가도 행복하다."는 믿음을 바탕으로 한다. 아이는 그 자체로도 부모와 사회에 많은 기쁨을 주는 존재이며 자신 스스로 성장할 수 있는 존재이다. 그러나 이러한 아이의 능력에 관계없이 부모와 사회는 이를 받아들이거나 기다리지 못하고 자신의 바람, 사회의 추구 목적에 따라 아이를 재단하고 인위적 변형을 추구함으로써 아이는 행복하지 않고, 부모는 불안한 아이의 성장을 접하게 되며, 사회는 다양한 문제에 직면하는 악순환을 만들고 있다.

만약 아이가 행복하게 성장하여 자신의 재능을 꽃피고, 또래 아이와 문제없이 교류하며, 이해하고 소통하는 능력을 갖추고 사회로 나오게 된다면 사회는 좀 더 밝은 모습을 가지게 될 것이고, 국가는 미래를 기약하게 될 것이다. 그러나 이러한 이상을 구현하기 위해서는 너무 많은 이해관계자가 존재하고, 정부는 이러한 이해관계 집단의 목소리에 휘둘려 본질적인 대책을 마련하지 못하고 그저 행정대상으로 아이를 바라보고 정책을 만들고 있다. 내가 혁신가로서, 교육자이자 경영자로서, 정치적 활동가로서 지속적인 변화를 꾀하고 있는 것은 이러한 구조적 문제를 깨고, 아이를 행복하게 하기 위해서이다.

우리나라 동양철학의 기본은 사친종형(事親從兄)이다. 유아교육의 목표는 지혜와 사랑과 용기를 닦는 것이다. 따라서 교사와 부모 그리고 교육환경은 이러한 가치를 구현할 수 있도록 변화하고 노력해야 한다. 물론 현실과 이상의 괴리는 이러한 지혜와 사랑을 기반으로 하는 아이 교육을 쉽게 받아들일 수 없는 현실적 상회에 처하게 한다. 부모는 주변의 성공담을 들으면서 내 아이가 삶을 편히 보내는 데 중요할 것이라 생각되는 지식을 더 빨리 더 많이 습득하여 좋은 대학에 가는 것이 사회에서 뒤처지지 않는다는 사회적 인식에서 자유롭지 않다. 그러나 이러한 지식 중심 교육의 홍수 속에서 아이가 좀 더 지혜와 사랑과 용기를 갈고 닦아서 행복하고 훌륭하게 성장하여 귀한 사람이 되길 바란다면 아이의 내면적 힘을 길러주어야 한다.

나라의 지도자는 좋은 경제적 성과를 거두거나 안보를 튼튼히

하는 것도 중요하나 나라가 더 큰 나라로 거듭날 수 있도록 국민을 계도하고 통합시키는 노력이 중요하다. 그러기 위해서는 예와 의의 밝음이 필요하다. 대한민국은 6·25전쟁 이후 비약적인 발전에 힘입어 세계 정상급 경제 대국으로 거듭났다. 이제는 이러한 성장을 바탕으로 질적인 성장에 힘써야 할 시간이다. 특히 우리 사회의 저출산은 각 개인의 몫이 더 커지는 상황을 발생시키고 있는데 이러한 시대에 개인을 보다 인간답게 성장하도록 하는 것은 대단히 중요하다. 현재와 같은 흉포화 현상이 일상화되는 것은 인간을 인간답게 키우지 못하고, 목적을 위해서는 수단 방법을 가리지 않는 것을 미덕으로 인식하거나 타인의 감정을 공유할 기회를 주지 못하는 교육에서도 문제점을 찾을 수 있다. 성인으로 성장함에 따라 많은 교육이 이루어지지만, 인성을 가르치고, 내면에 성장시키는 것은 유아로부터 12세까지 이루어지는 것이라는 연구 결과가 있다. 따라서 우리 사회는 아이가 올바른 인성을 갖고 조화롭게 자라날 수 있도록 다양한 노력을 기울여야 할 것이다.

교사와 부모가 함께하는 교육

본인이 40여 년 동안 아이들과 지내오고, 교육을 받은 아이들이 성인이 되어서 자신의 아이 손을 잡고 다시 본 원이나 본인을 찾아오는 모습을 보고 이야기를 나누며 깨닫고 확신을 가진 것은 사회에서 소위 성공하였다고 불리는 많은 사람은 지식 습득이 아니라 가장 기초가 되는 영유아 기간에 얼마나 많은 부모의 사랑과 배려를 받고 자라났으며, 교육기관에서는 얼마나 자연스럽게 재능을 개발할 수 있는 기회와 타인과의 소통하는 능력을 키울 수 있었는지가 그들의 성공을 결정하는 요인이 되었다는 것이다. 특히 가정환경 면에서 어른들이 아이를 하나의 인격체로 대하는 모습이 아이의 자아와 자신감을 불러일으켰다는 점은 주목할만하다. 또한 아이는 교육이 아니라 본보기로 자란다는 점도 중요한 점이다. 이는 현대사회의 변화된 가족 구조 속에서는 부모가 할머니, 할아버지를 모시며 아이에게 어른을 모시는 구조와 예를 갖추고 존중하는 자연적인 모습을 볼 기회가 거의 없기 때문에 아이에게 비치는 부모의 모습은 아이 교육에 절대적 영향을 미치게 된다.

교육기관의 패러다임이 바뀌어야 한다. 사회변화에 따라 이제는 맞벌이가 일상이 되는 사회가 되었다. 따라서 아이를 교육하는 기관은 가정의 일부로서 아이가 자연스러운 성장을 할 수 있도록 아이의 발달을 도와야 하며, 부모와의 주기적인 교류를 통해 부모와 교사의 교육이 일관성을 갖도록 노력해야 한다. 부모는 좋은 학원에 보내는 것으로 자신의 의무를 다했다는 회피적 역할에서 벗어나 진정으로 아이를 인격으로 대하고, 교육기관과의 협업을 통해 아이의 인성과 재능을 개발함과 동시에 이들이 자연스럽게 자라날 수 있도록 기다려주는 노력이 필요하다. 특히 아이는 부모, 교사의 언어로부터 걸음걸이까지 그대로 모방하면서 자라난다는 점을 인식해야 한다. 교육기관은 부모에게 보여주는 것이 아니라 아이의 성장을 지원할 수 있는 본질적 교육을 시행해야 한다.

최근 견학이나 질서정연한 교육 등을 자랑으로 내거는 아이 교육기관이 많이 나타나고 있는데, 이는 부모에게 보여주기 위한 것으로, 아이를 위한 것이 아니다. 수업과목도 동일하다. 음악, 미술, 문학, 체육 등 성리학에서 말하는 4대 교육은 아이의 인지적 성장과 올바른 인성을 갖추는데 필수적 교육이다. 음악은 세상과 자연, 동료와의 하모니와 조화를 가르치며, 미술교육은 상상력을 키운다. 문학교육은 정서적 성장을, 체육교육은 올바른 신체능력과 끈기를 만들어 준다. 단순히 아이들이 시간을 보내는 공간이 되거나 안전하게 보호하다 집으로 돌려보내는 것을 교육기관의 역할로 인식하지 않도록 교육기관의 변혁적 노력이 필요하다.

사회와 행정기관은 행정 편의에 따른 교육기관 운영통제가 아니라 교육기관이 본질적 문제에 전념할 수 있는 여건을 만들어 주어야 한다. 현재 우리의 아동교육은 안전한 보호에 초점이 맞추어져 있다 보니 작은 사안에도 특정한 기준 없이 부모 또는 행정기관이 임의 판단하여 '안 되고', '되고'를 구별하는 경우가 있다. 아이 간의 갈등이 지나치지 않은 경우에도 어른의 시각으로 개입하여 아이가 상처를 받는 경우를 많이 보게 되는 데 아이는 교육공간이나 가정에서 타인이나 형제자매와의 갈등과 해결을 몸소 체험하고 해결해 나감으로써 정상적인 어른으로 성장하는 것이다. 따라서 아이의 행동을 어른의 관점으로 그들을 판단하고 시시비비를 가리는 것은 적절하지 않다. 이러한 지나친 개입이 결국 교육기관이 아동을 정상적으로 성장하도록 지원하고 교육하기 보다 안전하게 보호하는데 급급하고, 문제가 생기면 상호 격리하는 방식을 채택하도록 함으로써 결국 아이의 정상적인 성장을 방해하는 문제로 귀결되는 것이다.

최분희의
아이 교육 철학

아이의 교육은 본질적 면에 충실해야 한다. 아이 교육에서 중요한 것은 아이를 그 자체로 알아주는 것이다. 이상하다고 생각하는 것이 아니라, 다르다고 인식하는 것이다. 내가 추구하는 교육의 개념과 가치는 다음과 같다.

생각하고, 느끼고, 행동하게 하는 교육

대한민국의 교육이념은 '우리나라의 교육은 홍익인간의 이념 아래 모든 국민으로 하여금 인격을 도야하고 자주적 생활 능력과 민주 시민으로서 필요한 자질을 갖추게 함으로써 인간다운 삶을 영위하게 하고, 민주 국가의 발전과 인류 공영의 이상을 실천하는 데 이바지함'을 목적으로 하고 있다(출처: 교육기본법 제2조 교육이념).

즉 대한민국에서 추구하는 인재상은 지혜와 열정을 가지고 창의적인 탐구를 하며 배려와 나눔을 실천하는 마음이 따뜻한 사람을 양성하는 것을 목표로 한다. 이는 교육부에서 매년 대한민국을 이끌어갈 100명의 인재, 대한민국 인재상을 수여하는 기준이 되기도 한다. 그러나 실제 교육은 입시 위주의 교육구조로 틀에 박힌 교과서와 고정된 수업방식을 통해 지식학습과 경쟁에만 치중하고 있는 게 현실이다. 학교교육은 세계 안에서 인간이 자기 삶을 꾸려 나갈 수 있게 하는 과정이어야 하지만 대개 모든 인간을 제도와 조직 속에서 동일한 표준형의 인간이 되기를 요구하고 있다. 마치 산업화로 인해 공장에서 상품을 대량 생산해 낼 수 있게 된 것처럼, 학교라는 거대한 공교육 기관에서 동일한 학생들이 나오기를 기대하는 것과 같다. 이에 대한 해결책으로 사회 여러 분야에서는 다양한 대안을 제시하고 있다.

세계적인 추세도 이미 교육 선각자들은 기존 교육의 비인간화 교육의 산업세계로의 종속 등을 목격하면서 '무엇을 위한 경쟁'이었던가를 반성하고, 공동체 지향의 교육을 주장하기 시작했다. 즉 경쟁보다는 개인적인 가치와 사회적인 가치가 고루 존중되는 공동체적 가치의 실현이 교육의 방향이어야 한다는 시각을 갖기 시작한 것이다.

교육에서 대안을 찾는 지금 우리에게는 눈에 보이는 현상만을 문제 삼고 부위에 처방을 내리는 것이 아닌 보다 근본적인 시각이 필요하다. 또 교육은 경제발전이나 정치변화라는 교육 이외의 논리에서 출발해서는 안 된다. 교육의 문제는 세계 안에서 살아가는 인간의 문제이므로 교육에 대한 문제를 푸는 관건 역시 인간에 대한 지식에서 찾아야 할 것이다.

인간은 오래 전부터 스스로 생각하고 느끼며 행동하는 방식으로 진화하여 왔다. 우리가 불안정하고 미숙하게 여기는 아이도 이러한 능력을 가지고 있다는 점을 인식하여야 한다. 따라서 아이 교육은 스스로 생각하도록 하고, 스스로의 감각기관과 인지력을 바탕으로 느끼며 행동하도록 만드는데 초점을 맞추어야 한다.

인간과 자연의 조화로운 삶

내가 아이가 행복하게 자라나기 위해서는 아이의 자연스러운 성장을 지원하는 데에서 시작한다는 신념에 기초하여 아이의 인지능력 향상과 재능개발의 수단으로 받아들인 발도로프 교육은 아이의 영적인 본성을 인정하고 자유로움을 추구하는 교육으로, 유네스코 세계장관회의에서 21세기 교육모델로 선정된 바 있다. 발도로프 교육은 자연과 조화로운 삶에 주목한다. 이는 인위적인 환경보다 아름다운 자연과 함께하며 배우는 것이 아이 내면의 힘을 키우기에 좋기 때문이다. 한마디로 발도르프 교육은 사회에서 요구하고 필요로 하는 사회화 교육, 누가 얼마큼 더 잘했나 하는 경쟁의식을 부추기는 역량 교육이 아니라 자기의 삶을 살아가는 인간 본연의 주체로써 내적인 영향을 가지고 뿌리 내리게 하는 수행 작업이다.

발도르프 교육 정신이 아동 교육의 기본이 되어야 한다고 생각하는 것은 이 교육이 삶의 본질로 통하는 징검다리 역할을 해주기 때문이다. 부모나 교사는 머리로 묻고 따지지 않고 가슴으로 느끼며, 가슴에서 나오는 대로 실천하고 아이의 잠재력을 개발해 주어야 한다. 외적인 자극을 분별해내는 힘을 정신적 뿌리로부터 길러내어, 본질적인 것들과 인연을 맺어 가면서 그것을 기회로 새로운 것을 만날 수 있도록 하는 것이다. 다시 말해 이러한 교육방식은 끌어당기거나 어디로 유도하는 교육이 아니고 깨우는 교육이라는 면에서 중요하다. 오늘날이 바로 이러한 깨움이 요구되고 무엇보다 중요한 시기다. 그러기 위해선 “우선 교사가 먼저 깨어나야 한다, 그리고 다음에 그 교사가 아이들과 어린 인간들을 깨워야만 한다.” (슈타이너 전집 217권 36쪽)

발도르프 교과과정은 아이들 안에 있는 영혼과 정신의 바탕과 능력을 폭넓게 고려하여 만들어졌다. 슈타이너 교육은 1학년에서부터 일반과목 외에도 아주 다양한 예술 과목을 함께 교육하도록 구성되어 있는데, 바로 이러한 것을 통해 개인 자신을 위하여 동시에 사회를 위하여 매우 중요한 창조적인 능력과 체험 능력이 촉진, 발달하게 되는 것이다. 풍부하고 다양한 예술적인 그리고 수공적인 수업은 정제된 의지의 형성과 학생의 실질적인 삶의 방향을 촉진하도록 한다.

발도르프 교과과정의 아주 중요한 원리는 지식 전달을 주요 목적으로 획일화되어있는 우리나라의 교육체계와 달리 수업의 내용과 형태가 아이들의 배움 과정과 어린이, 청소년 시기 안에서 인간 발달단계에 맞추어져 있다는 것이다. 또한 인위적 환경이 아니라 자연과의 교감 속에서 자라나게 함으로써 인간 본질에 보다 가깝도록 성장하게 한다는 점이다.

올바른 인성을 갖추게 하는 교육

2015년 7월 21일 인성교육진흥법이 전면 시행된 이후 인성교육진흥법 전문[법률 제14396호, 2016.12.20., 일부개정]을 보면, 우리는 그 어느 때보다 좋은 인성을 강조하고, 인성교육의 중요성을 강조한다. 특히 학교폭력으로 인한 청소년의 자살률 증가 등으로 좋은 인성에 대한 관심과 인성교육에 대한 관심은 더욱 증대되고 있다. 이러한 사회적 흐름으로 인하여 최근 우리 교육에서는 좋은 인성을 함양하기 위한 인성교육에 대해 연구가 활발히 진행되고 있고 교육현장에서도 다양하게 노력하고 있다. 그러나 인성교육에 대한 많은 관심과 연구에도 불구하고, 우리의 인성교육이 잘되지 못하고 있다는 비판도 함께 논의된다. 특히 우리의 인성교육에는 정작 '인성'이 빠져있다는 비판도 지적된다. 이런 문제의 원인 중 하나는 인성은 교육활동 속에서 총체적으로 형성되어야 하는 것인데, 총체적인 '인성'을 하나의 교과와 같이 생각한다는 것이다. 우리의 인성교육의 문제점은 기존의 교육에다 무엇을 추가하려는 것에서 비롯된다. 따라서 인성교육을 기교와 같은 방법에 치중하는 것에 대해 비판하고 인성교육의 목적을 본질에 대한 탐구와 함께 인간을 총체적으로 이해하고 전인을 기르는 것을 목적으로 해야 한다(장성모, 1996; 김신일, 2011).

지식정보화 시대인 오늘날 우리는 넘치는 정보와 지식 속에 살아간다. 인터넷의 보급으로 인한 수많은 정보를 접하며, 각각 자신의 의견을 나타낼 수 있는 홈페이지나 SNS 계정을 갖기도 하면서 정보의 일방적 수용이 아닌 새로운 지식과 정보의 생산자가 되기도 한다. 그런데 이러한 정보의 홍수 속에서 현대인들은 표피적으로는 감각적이 되어가고 있는데, 반면 자신과 타인을 포함한 세계에 대해 섬세하게 살피는 능력이나 타인의 감정에 공감하는 능력은 점점 둔화되고 있다. 이런 현상은 교육 현장에서도 쉽게 찾아볼 수 있다. 감각을 자극하는 텔레비전과 인터넷의 과도한 사용으로 인한 부작용은 학교 내에서 소통의 부재 현상이나 다양한 학교폭력을 야기하는 원인으로 지적되기도 한다. 따라서 교육에서 소통과 공감의 부재 문제에 대한 대안 마련과 함께 전인적 관점에서 올바른 인성을 가지고 아이가 성장할 수 있도록 만들어주는 것이 중요하다.

성숙함을 기다려주는 교육

우리의 능력과 신체 기관의 발달은 오랜 기간 진화의 결과로 만들어진 것이며, 일정 기간 성숙을 통해 다른 단계로 나아가게 함으로써 생존의 확률을 높이고, 충분한 신체적·정신적 축적이 이루어지도록 한다. 인간의 인지적 성장은 '자연이 주는 교육'에 의한 것이고, 내적 발달을 이용하는 법을 가르치는 것은 '인간의 교육'에 의한 것이며, 우리에게 영향을 주고 있는 대상에 대한 경험으로부터 얻는 것은 '사물이 주는 교육'이다. 이 중 인간이 통제할 수 있는 것은 인간의 교육과 사물이 주는 교육이다. 이 두 가지 중 완전하게 인간이 하는 교육은 통제할 수 있다. 그렇지만 우리는 자연이 주는 교육을 통제할 수 없다. 자연의 성질을 인위적으로 바꿀 수 없고 변형시킬 수도 없다. 따라서 자연의 의도에 맞게 교육하는 것이 가장 자연스러우며, 자연이 원하는 대로 따라가는 것이 바로 교육의 방향이다.

자연주의 교육의 목적은 바로 자연이 준 성향을 확대하고 강화하는 것을 목적으로 한다. 교육은 습관을 형성시키는 과정인데, 그 습관은 자연의 의도와 일치해야 한다. "자연의 의도에 맞지 않는 습관을 형성한다는 것은 잘못된 교육이며, 인간에게 인위적 족쇄를 채우는 것"이다.

아이의 성장과 발달은 자연의 법칙을 따르므로 조급함을 버리고, 자연의 이치에 맞게 교육을 발전시켜야 한다. 아이 자신의 경험에서 얻어지는 자율적이고 자발적인 태도가 형성될 수 있도록 지원함으로써 성인으로 자라나는 육체적·정신적 근육을 키우는 것이 필요하다. 루소는 『에밀』에서 어린이가 무슨 질문을 하더라도 대답하지 말라, 자기 자신에게 맡겨두라고 말하며 아동에게 스스로 알아가는 기회를 주고자 하였다. 우리나라의 교육은 이러한 정신이 필요하다. 아이의 성장을 기다려주고 올바른 성장을 위한 환경을 만들어줌으로써 아이가 재능을 꽃피울 수 있도록 하는 것, 이것이 우리가 추구해야 할 미래 인재교육의 방향이다.

발도로프 교육 수료 부모의 글

* 본 글은 본인이 운영한 '발도로프 킨더가르텐'을 수료한 학부모가 내부 소사이어티 카페에 기재한 내용 일부를 양해를 얻어 기재한 것이다.(http://cafe.naver.com/mothersatelier)

"추억 이야기 네이버 카페 행복 아뜰리에"

1) 아이와 긴 호흡으로 함께 살아가기

우리를 힘들게 했던 아이의 그 욕구는 스스로 살아 내려는 힘이었음을 통감하면서 더 이상 아이의 생명력을 변형시키거나 거세하지 않으리라 다짐하면서 글을 올리게 되었다.

있는 그대로 인정받고 싶은 아이

우리 부부는 아이를 집 근처의 초등학교에 입학시키기로 결정한 7살 늦가을부터 실리적인 큰 변화를 겪었다. 이전과 다른 새로운 생각들이 끊임없이 올라오기도 했지만, 내 아이가 공교육에 적응하지 못할 것이라는 불안감과 걱정에서 완전히 해방된 시기이기도 하다. 한글교육을 비롯한 선행학습부터 영어, 미술이나 음악학원, 줄넘기, 태권도, 수영, 인라인스케이트 등의 각종 스포츠에 이르기까지 어느 것 하나 배워보라고 독려하지 않았다. 아이의 초등학교 엄마들과 모임에서 얘기를 나누다 보면 아이를 고난에 빠뜨리며 방치하는 엄마의 인상을 줄 정도였다. 담임선생님과의 상담에서 입학생의 거의 90%가 상위 수준의 배움을 유치원 때부터 이미 경험하고 학교에 입학한다고 말씀해 주셨다. 나는 뭔가를 미리 배워서 초등학교에 입학하는 세태를 나쁘게 바라보지는 않는다. '만약 아이가 받아들일 준비가 되어있고 지속적으로 강하게 원한다면 아이의 욕구에 따라 가정에서부터 조금씩 관심영역을 넓혀주며 호기심을 증폭시켜주면 좋겠다'는 생각이다. 오히려, 큰아이가 다른 친구들이 배우는 다양한 것들 속에서 자신이 좋아하고 관심을 두는 뭔가가 있었으면 하고 바랐다.

하지만, 그것은 나의 기대일 뿐 큰아이는 4살부터 각종 지도와 엘리베이터, 숫자, 건물 등 인공적인 창조물에만 지대한 관심과 호기심을 내비쳤다. 여행을 가도 지도를 보고 아이가 가자는 곳으로 가야했고 주말엔 다른 이웃들이 산과 바다. 캠핑장으로 휴식을 취하러 갈 때, 왕복 2~3시간이 넘는 시간 동안 지하철 안에서 꼼짝없이 앉아 있는 좀비 놀이를 해야 했다. 수도권 전역의 지하철 중점에서 종점까지 모두 완주할 날을 눈앞에 두고 있을 정도다. 지하철 안에서 우리 부부는 졸려서 꾸벅거리는데 큰아이는 무엇에 호기심을 찾았는지 마치 이경규처럼 눈동자가 아주 빠르게 움직인다. 둘째 아이는 이런 형을 둔 덕분에 자신이 좋아하는 판타지 놀이를 접어두고 지하철을 같이 타고 다니고 있다. 그야말로, 독특한 성향과 취향을 가진 큰아이로 인해 그 유별난 욕구를 따라가 주느라 가족의 주말은 항상 바쁘다. 혼자서 다닐 수 있는 중학생이 될 때를 바래보며 성장하는 과정을 무시하고픈 생각도 자리 잡는다. 보통의 아이들과 달라도 너무 다르다.

일단, 부모인 우리와 다르고 둘째와 또 다르다.

다른 아이들과 너무도 다른, 큰아이의 개별적인 성향을 이제는 아무 문제 없다고 느낄 정도로 여유 있게 받아들이게 되었다. 예전에는 이런 아이가 정상적으로 느껴지지 않았다. 자기가 하고 싶어 하는 것들을 가열차게 요구하는 아이가 무척 힘들고 버거웠다. 문제 있는 아이라고 생각했고 그래서 순응하는 아이로, 보통의 평범한 생각을 가진 아이로, 착한 아이로 변화시켜 보려고 갖은 노력을 해 왔다. 그러나 어느 순간 아이가 다르게 보이기 시작하면서 나는 원하는 방식으로 바꾸려는 기대감을 완전히 내려놓았다. 누를수록 더 반항하고 꿈틀거리고 나이를 먹을수록 저항감이 강해지는 아이를 보면서 이러다간 비행 청소년 내지는 무기력한 어른으로 자라게 만들 수 있겠다는 깊은 뉘우침이 있었다. 그 뉘우침의 작업 중엔 남편과 나 자신도 큰아이처럼 한때 어린이였고 그 시절의 상처, 아픔, 경험 들을 깊이 들여다보면서 우리 자신부터 치유해내는 작업을 통해 가능했다. 나도 한때는 어린아이였음을 망각한 채, 그동안 어른의 시각으로 아이를 바라보고 있던 나의 태도가 아이를 이해하지 못했던 것이다. 그렇게 우리는 마음 안에서 아이를 바라보던 관념들을 하나하나 지워나가자 아이 '스스로 살아내려는 힘'이 느껴지기 시작했다. 자신의 욕구를 강하게 표출하는 이 아이가 그동안 얼마나 힘들었을지, 강하게 누르면 더욱 강하게 튕겨져 나오는 이 아이가 그동안 얼마나 괴로웠을지 그 마음이 느껴졌다. 자신이 스스로 살아가기 위해 자기 살 궁리를 하는구나! 스스로 경험하면서 살아내고 싶은 생명의 힘이 아직 살아 있구나!' 꺾으려는 그 수많은 나의 거친 노력에도 불구하고 민들레처럼 질긴 그 힘이 아직 살아있음에 무척 감사했다. 우리를 힘들게 했던 아이의 그 욕구는 스스로 살아내려는 힘이었음을 통감하면서 더이상 아이가 가진 생명의 힘을 변형시키거나 거세하지 않으리라 다짐하게 되었다.

아이의 그 생명력이 세상의 허기와 만날 수 있게 아이의 욕구에 따라 경험하고 싶은 세상과 연결하는 과정을 부모인 우리도 함께 즐기면서 기꺼이 도움을 줄 것이다. 균형 잡는 노력을 하면서 말이다.

아이가 게임에 관심을 갖는다면 사람냄새 풀풀 나는 행복한 경험을 더 많이 주고, 좋지 않은 에너지를 가진 친구들을 사귀려 한다면 좋은 이웃과 친구들을 더 많이 만날 수 있는 기회를 주면 된다. 인공적인 것과 도시만 너무 좋아한다면 자연의 청량감과 감수성을 좀 더 깊이 있게 경험해보면 될 것이고 학습에 관심이 떨어진다면 일단 놀면서 대화하고 동기를 다시 세워 의욕을 불러일으키도록 도와주면 되지 않을까 싶다. 이런 방법이라면 이 길이 아닌가 봐 라고 말하는 상황이 오더라도 우리부터 아이와 함께 즐기면서 살아갈 수 있을 듯하다. 아이 스스로 깨달아 자립하고 성장하는 것을 목표로 둘 것이다. 그리고 기다려주되 과한 개입을 하지 않으면서 아이의 욕구가 어디로 뻗쳐나가는지 지속적인 관심의 끈을 놓지 말아야 한다.

인지학습의 중요성

학습적인 부분에서도 한꺼번에 모든 것을 골고루 잘해야 한다는 생각을 내려놓았다. 아이가 좋아하는 분야부터 시작해서 1학년 때는 국어, 2학년 때는 수학, 3학년 때는 영어를 탄탄히 다져나간다는 단계별 계획을 세

웠다. 현재는 더도 덜도 말고 아이만의 딱 맞는 숙도에 맞춰 그 속도를 따라가 보고 싶다. 매사에 아이의 욕구를 존중해주는 방향으로 결정하다 보니 아이도 조금씩 자립하려는 의지를 보인다. 7세 때 통으로 한글을 스스로 익혔지만, 쓰기는 해보지 않았었다. 글쓰기에 어려움을 호소할 것 같아 새로운 방식으로 한글을 배우도록 뭔가를 들이밀고 싶기도 했다. 1학년 초기에 한글 받아쓰기를 40점 받아와서 아이에게 도움을 준답시고 매일 한 번씩 받아쓰기 연습을 시켰다. 처음엔 제안을 받아들이고 몇 개월을 하더니, 2학기 말에는 "엄마, 나 엄마랑 받아쓰기 연습하는 것 더 이상 하기 싫어! 그냥 내가 알아서 할 거야"라고 말하였다. 당황스러웠지만 아이의 의지를 받아들여 받아쓰기 연습을 그만두었지만 2학년 중반인 현재까지 놀라운 점수를 받아오고 있다. 이 일로 엄마의 불편한 개입이 아이의 학습 동기를 훼손하기도 한다는 것을 실감했다.

하지만, 1학년 때의 줄넘기 경험은 또 다르다. 오히려 할 줄 몰라서, 의욕이 없어서, 동기가 없어서 하고 싶어도 못할 경우, 해야 하는데 못할 경우엔 적극적으로 개입해서 도와줄 필요성을 느꼈다. 신체적인 노력을 요하는 학습은 자유보다는 기술의 습득과 향상이 요구되어져 누군가의 통제가 필요한 듯하다. 학습적인 측면은 스스로 할 수 있는 동기가 전제되어야 하므로 스스로 생각할 수 있는 여유와 자유로움을 주어야 한다는 생각을 하게 되었다.

<학부모님 글 일부 발췌>

2) 초등 적응기

나는 7세 이전의 인지교육을 지양하는 발도르프 교육을 밀고 따르며, OO에게 한글 공부를 전혀 시키지 않고, 한글에 노출시키는 노력도 전혀 하지 않았다. 하지만 그런 단단한 욕심은 킨더 졸업생 중, 유일하게 한글을 모른 채 졸업하는 OO를 보며 흔들리기 시작 했고, 당시 핫 하던 '또봇'을 사주마 하고 시작한 책 읽기는 아이와 나를 상당히 소모시키는 결과를 낳았다. 결국 내 화와 열에 OO는 그 책을 어찌어찌 읽어냈지만 주눅만 든 채로 학교 입학을 했다. 역시나 알림장은 그냥 그려오는 수준, 반 아이들의 놀림 등등 여기에 다 열거할 수는 없지만, 1학년 선생님 덕분에 받아쓰기 연습을 열심히 시키는 것으로 한글공부를 이어갔다. 하지만 그 외 책 통장 등의 활동은 따라갈 수가 없었다. 그러는 동안 발도르프 아이들은 때가 되면 다 한다는 것을 믿던 나는 하려고 하지 않는 OO를 기다리다 제풀에 지치길 반복했다.

2학년이 되면서 아직 글자가 익숙지 않은 OO를 보는 선생님과 친구들의 시선은 조금 더 차가워졌다. 급기야는 스스로 나는 바보, 멍청이 소리를 달고 사는데다, 짝꿍의 놀림과 인신공격을 견디다 못해 심하게 자주 아픈 모습까지 보이기 시작했다. 그때의 내 마음은 타들어 가다 못해 놀리는 아이들에 대한 비난, 능력 안되는 내 아들에 대한 원망, 스스로에 대한 자책, 급기야 발도르프 교육에 대해 '속았다'는 생각까지 들어서 몸이 아파올 정도로 힘들었다. 그런 시간을 보내는 중에 학교의 상담주간에 학교를 방문하여, 2학년 담임을 만나면서 새로운 국면을 맞았다. 집에서는 과학적이라며 '가'에 기역을 더하면 '각'이라는 방법으로 가르쳤지만(스스로 이 얼마나 대단한 한글에 대한 접근법인가 생각하며), 선생님은 아이가 싫어하더라도 매일 자기 힘으로 책을 읽어내며, 글자를 귀로 듣고 눈으로 활자를 확인하는 습관이 더 자연스레 한글을 익히는데 도움이 된다고 말씀하셨다. 1학년 담임선생님도 그렇게 말씀하셨는데, 그때는 그 말을 알아듣지 못했다. 그래서 시작한 매일 책 한 권을 소리내어 읽기는 3개월간 계속 되었고, 놀랄 만큼 한글 실력이 향상되었다. '기적의 한글학습법!'이라고도 자신 있게 말할 수 있을 만큼의 효과가 있었다. OO에겐 9세 때가 한글에 눈 뜰 때이고, 마침 선생님의 공부 방법에 대한 조언이 효과를 제대로 발휘한 결과라고 생각하지만, 다시 7세 때로 돌아간다면 느긋하게 견뎌주는 부모가 되어보고 싶다. 그리고 노력해도 한 번에 안 될 수도 있음을 인정하고, 결과에 좌절해서 아이에게 분노하지 않고, 아이와 나를 다독이며 때가 올 때까지 손 놓지 않고 꾸준히 도움을 줄 방법을 찾아보고 싶다.

지금까지 OO를 학교에 보내면서 가장 크게 와 닿았고, 힘들었던 것들을 정리해 봤다.

글을 마감하며 느껴지는 것은 발도르프 교육이 아이들에게는 정말 좋은 것임에는 틀림이 없지만, 엄마가 그것을 맹신하거나 스스로 만든 환상에 빠져 아이의 기회를 제한하거나 아이의 불만을 무시하는 것은 잘못된 것이라는 생각이다. 아이들은 7세 이전에 인지교육에 눈 뜰 수도 있고, OO처럼 9세가 되어야 가능할 수도 있다. 나는 '인지학습을 시키지 말라, 때가 되면 아이 스스로 한다'는 말을 '그냥 내버려두면 한다'로 이해하고 내버려

두는 실수를 하고는 그 탓을 발도르프 교육으로 잠시나마 돌리려 했다. 그건 현실과 발도르프에서 말하는 이상적 교육 사이에서 본질을 잃지 않으면서도 균형을 이루는 유연성을 스스로 갖지 못한 내 잘못임을 인정하지 못하고 남의 탓을 했던 것이다. 생각해 보면 슈타이너는 나에게 그러라고 하지 않았다. 내가 그러해야 한다고 믿은 것일 뿐.

<학부모님 글 일부 발췌>

5

최분희를 말한다

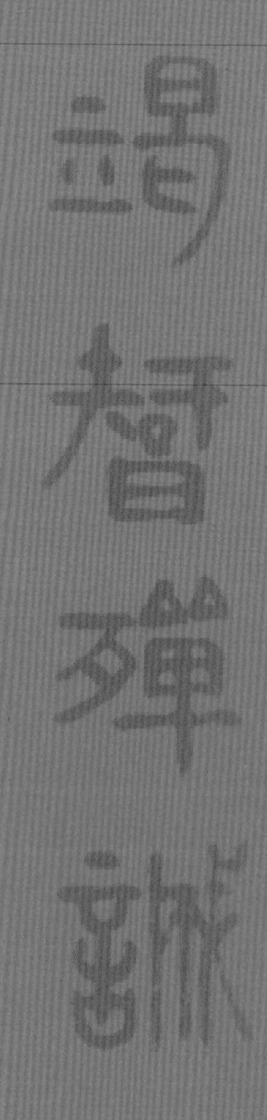

갈지탄성(竭智殫誠)

: 지혜를 다하고 정성을 다해 은혜에 보답하고자 한다

내가 어떠한 사람이며, 어떠한 길을 걸어왔는지는 서두에서 밝힌 바 있다. 따라서 앞에서 서술한 내용을 되풀이하는 것은 독자들을 피로하게 만드는 것이라 생각한다. 본 장은 본인이 최근 기고하였거나 인터뷰한 내용 등을 그대로 싣고자 한다.

최분희 칼럼

'포스트 코로나 시대', 아이들의 교육을 묻다

요즘같이 코로나로 유치원이나 교육기관에 보낼 수 없는 시기에 부모의 역할은 중요하다. 마음대로 놀이터도 공원에도 나갈 수 없는 상황이기에 쉽게 TV에 의존하여 교육을 시도할 수 있기 때문이다. 도심에서는 주변 공원이 자연 친화적 교육 공간으로 자연스럽게 이용되고 있었기에 더욱 어려워졌을 것이다. 하지만 언제 종식될지 모르는 현 사태에서 아이들을 위해 노력하지 않는다면 아이들은 활동적으로 자연적인 주변을 모방하는 대신 TV 앞에 앉아 움직임 없이 바라보기만 하기 때문에 언어발달이 지체되거나 의지발달에 장애가 나타날 수도 있다는 것을 생각해야 한다.

아이들의 신경학적 발달은 주변 사람들로부터 정서적인 감정을 가지게 된다. 그러기에 부모들은 아이들의 정서발달을 예민하게 체크하고 있어야 한다. 특히 영유아기 아이들은 서로의 눈빛과 얼굴 표정을 보며 감정을 인식하고 배워나간다. 아이들을 보다 자연스럽고, 밝게 성장하기 위해선 학습 위주의 조기 교육보다 창의적인 체험과 올바른 인성 습득이 중요하다. 아이들의 교육이 매체보다는 자연에서 그리고 어른들의 움직임과 행동, 언어를 본보기로 자란다는 것이다.

한참 뛰어놀아야 하는 영유아기 아이들을 앉혀놓고 집중교육을 하는 것, 줄을 세우거나 차렷 자세를 취하게 하는 등의 강제적 질서 의식 교육 등에 반대하는 입장이다. 무엇보다도 모든 영유아기 시기의 아이들은 교사의 사고를 통해 아이들을 바라보아서는 안 된다. 어른들이 생각하는 영유아와 실제 영유아기의 아이들의 눈높이는 다르기 때문이다. 예를 들어 어른들은 산타 할아버지 모습을 하고 선물을 주면 좋다고 생각하는데 아이들은 산타 할아버지 모습에 일종의 공포를 느끼기도 하기 때문이다. 또한, 싫어하는 무엇을 만지게 해 이를 회피하지 않게 한다든지, 무대에 세워 발표회를 하는 것을 아이들의 성장으로 인식하는 부모들도 있는데 이러한 강렬한 자극은 아이들 성장에서 좋지 못한 영향을 줄 수도 있다는 것이 최근 연구에서 증명되고 있다.

요즘 유아교육기관의 교사들과 환경에 대한 많은 이야기가 나오고 있는데 아이들에게 가장 좋은 것은 부모가 가정에서 아이들을 기르는 것이다. 약간의 비용을 지급함으로써 시설에서 아이들을 보호하고, 가르치도록 하는 정부시책은 영유아 교육에는 치명적이 될 수 있다. 정부에서는 모든 것을 시설의 책임으로 몰 것이 아니라 이러한 상황에 이르게 한 원인을 잘 살펴보고, 보다 실질적이고 양질의 교육이 이뤄질 수 있도록 정책을 시행해야 한다. 또한, 교육 현장의 교사들도 영유아기 아이들을 아직 사회에 나와 사회성을 강조당할 때가 되지 않은 작은 아가들, 자신의 소중한 보물이라 생각하고 바라보며 대한다면 모두가 행복해지는 영유아 교육 현장이 되리라 생각한다.

교육은 가정 안에서 시작한다. 내 아이가 재능을 가지고 세상에 태어났고, 이 아이는 내 소유가 아닌 아이만의 개별체로 봐주어야 할 것이다. 아이의 재능을 사랑과 애정, 열림성, 발견의 기쁨, 자유와 어떤 방향 설정에 대한 욕구, 창의성과 구성에 대한 흥미, 완고함과 고집스러움 등으로 바라봐 주어야 한다. 이러한 재능을 강제적인 학습이나, 어른들의 기대 등에 의해 바뀌는 것이 아니다. 아이들은 개별 자체로서 존중받아야 하고, 이러한 존중을 통해 아이들을 성장시킬 때 아이들은 인격적 성장뿐만 아니라 사고의 성장이 이루어진다. 아이들을 강제적이거나, 지식중심의 목적지향이 아니라 자연적 본성을 그대로 받아들이려고 할 때 아이는 건강하게 자랄 수 있고 건강한 사회를 만들어 갈 수 있는 것이다.

요즘같이 코로나로 가정에서 부모와 함께 있어야 하는 시기에는 부모가 생각하는 교육의 정신과 주 양육자의 자세가 자녀들의 모델링이 되기에 더욱 중요하게 생각해야 한다. 아이들은 하루 동안 해와 바람을 만나고, 땅을 밟고 뛰어보며 자연을 접하는 생활이 중요하다. 부모들은 적당한 장소를 찾아 마스크를 쓰고라도 아이들을 포기하지 말아야 할 것이다. 이러한 현상은 정부 시책이 아닌 부모의 선택으로부터 시작되기 때문에 보다 아이를 중심으로 노력하는 부모가 될 수 있다는 역설적인 상황이라 볼 수 있다.

코로나로 인해 좋지 못한 경험을 겪으면서 교육의 방향도 바뀌고 있는 현실을 걱정하고 뒤돌아 봐야 하는 시기임에는 틀림이 없다. 정부도 현재와 같은 일률적 교육, 수용시설과 같은 운영을 떠나 미래를 책임질 영유아들을 제대로 가르칠 수 있는 교육방법과 주변 환경의 향상, 교육기관이 미래를 내다보는 교육으로 제대로 운영할 수 있는 경제성 보장 등에 관심을 가져야 한다.

코로나19 바이러스가 많은 것들을 혼란스럽게 만들고 있지만, 최소한 우리 어른들은 아이들의 세상을 보존해 주고, 아이들이 생각하고 보고 배울 수 있는 본보기가 되는 환경을 빼앗지 말아야 할 것이다. 가정에서 부모님들이 사용하는 일관된 교육적 언어와 활동은 자녀에게 가장 가까운 본보기가 되는 환경이다. 아이들의 주변 어른들은 아이들에게 다양한 감정을 보이게 되고 아이들은 어른들의 표정을 통해 자신의 감정을 표현하는 방법을 배워나간다.

영유아기 때 시기에 가져가는 판타지(fantasy)적 감정표현에 대해 자신의 표현이 부끄럽다고 생각지 않도록 해주어야 창의적이고 생각이 바로 서는 사람으로 성장할 수 있다. 코로나 펜데믹은 세계적인 재앙이지만 이 재앙에서 아이들을 지키는 것은 세상을 지키는 것이고 이것은 어른들의 책임이며 부모라는 위치가 무엇보다 중요할 것이다.

독일 발도로프 교육 연수(2020. 9.)

아동중심교육 실천가

스스로 지붕을 만들어 가는 교육 (월간파워코리아)

"스스로 지붕을 만들어 가는 교육,
그대로의 아이를 지켜봐 준다는 것만으로도"

▲ 강남 율현 발도르프 킨더가르텐 최분희 원장

취재 차, 강남 율현 발도르프 킨더가르텐을 방문한 아침이었다. 본격적인 인터뷰에 앞서, 사진촬영을 시작하려는 기자에게 최분희 원장은 당부의 말을 꺼냈다. "아이들이 자유롭게 놀 수 있게끔, 따로 말을 걸거나 포즈를 요구하진 말아 주세요." 최 원장의 당부대로, 기자는 최대한 아이들에게 방해되지 않는 선에서 조심스럽게 촬영을 진행했다.

주로 포즈를 취하게끔 하는 것이 익숙했던 기자에게 요구된 조심스러움은 곧 이 공간을 향한 깊은 호기심으로 다가왔다. 그리고 단독 인터뷰를 위해 마주 선 자리에서야 기자는 비로소 호기심을 해결할 수 있었다.

"아이들이 한참 오전 시간대에 자유놀이를 하던 중이었다. 보통 아이와 어른을 대비시켰을 때, 어른들은 자신의 기준대로 아이가 행동했으면 하는 본능적인 바람이 있어요. 아이들은 몰입해야 하는데, 그 옆에서 질문을 하고 따로 참견을 한다면 아이들의 놀이적 상상력은 쉽게 허물어져 버리고 마는 것이죠." 최 원장은 20세 중반부터 영유아기 아이들과 함께 생활하면서 아이들을 보다 자연스럽고 밝게 성장하도록 도와주는 것이(학습 위주의 조기 교육보다) 장기적으로 올바른 인성 함양과 창의적이고 적극적인 사람을 만드는 기초가 된다고 생각하고 있었다.

그런 면에서 발도로프 교육은 당시 지고의 가치로 여기던 반복 학습의 방식을 거부하고 아동 그 자체의 인격 성장을 존중하는 그녀의 아동교육 정신과 일치하였으며, 특히 교육의 이론적 근거와 구체적인 방식이 매우 체계적으로

강남 율현 발도르프 킨더가르텐에서의 최분희

이루어지고 있는 것에 큰 감명을 받아 이를 우리의 것으로 소화하는데 어려움이 없었다고 한다.

최 원장은 2005년 강남 킨더가르텐을 개소(開所)하였고 독일 슈타이너 킨더가르텐 본사와 협력하여 전문교수를 지원받아 교육을 실시하며 이 중 우수한 인재를 선발하여 독일로 교육을 보내는 등의 기초마련에 주력하였다.

특히 '강남 율현 발도르프 킨더가르텐'의 경우를 보면 활동하는 아이들의 표정이 밝고 놀이에 집중하는 모습이 진지하며, 부모들의 만족도가 일반 어린이 집에 비해 매우 높은 것을 볼 수 있었다. 최 원장은 이러한 이유를 "유아기에 가져야 할 판타지를 그대로 교육에 입히고 아이들 스스로, 자기가 가진 생각들을 놀이에 반영시키며 만족감을 느끼는 모습에서부터 좋은 평가가 비롯되었다."고 보고 있으며 이러한 교육을 좀 더 많은 아동이 폭넓게 받을 수 있기를 원하고 있었다.

끝으로 그녀는 "현재 국가 경제 발전을 위해 창의성을 매우 강조하고 있지만 다소 유연하지 못한 지식 중심의 아동교육을 통해서는 창의성 발현이 쉽지 않다고 본다. 가까운 사례로 중국이 발도르프 교육을 일부 공교육으로 받아들인 이유는, 보다 나은 인재를 육성하기 위해서는 어릴 적부터 제대로 된 교육방식이 필요하다는 이유에서였죠. 요즘, 저는 많이 실추된 영유아 교육의 문제를 해결하고 보다 아동들이 양질의 교육을 받을 수 있도록 발도르프 교육 확산에 더욱 노력할 예정이다. 뿐만 아니라 선생님들의 인성과 관련된 교육적 방향을 보강하는 일은 물론이고요."라는 말로 속내를 드러냈다.

파워코리아 데일리 2015.02.12

아이에게 진정한 도움을 주는 방법 (국제뉴스)

“아이에게 진정한 도움을 주는 방법”

“보통 아이와 어른을 대비시켰을 때, 어른들은 자신의 기준대로 아이가 행동했으면 하는 본능적인 바람이 있어요. 아이들은 몰입해야 하는데, 그 옆에서 질문을 하고 따로 참견을 한다면 아이들의 놀이적 상상력은 쉽게 허물어져 버리고 마는 것이죠.”

아이는 아이로서의 존재여야만 하며 자기 역할에 충실하게 무엇인가를 할 때 교사도 함께 몰입하여 활동해야만 비로소 그들에게 도움이 된다는 것. 다시 말해, 아이들을 모아놓고 어떤 것을 하게 한다든지, 질서의식 등을 강요하는 것은 아이에게 좋지 않은 영향을 줄 수 있다는 것이었다. 연이어 ‘자칫 아이들을 방치하는 현상이 나타날 수 있지 않는가’라는 기자의 우려에 대해, 최분희 원장은 다음과 같이 답했다.

“예를 들어, 미술시간을 갖는다면 다 같이 모아놓고 무엇을 그리라는 강요적 의미가 아니라 선생님이 미술놀이 준비를 할 때 아이들이 같이 참여하여 준비하고, 그들의 생각을 선생님과 자유롭게 소통하도록 하는 것입니다. 아이들이 정말 원하는 그림을 그리는 정신적 자유로움을 주는 것이죠.”

이러한 교육의 배경을 거슬러 올라가다 보면 최분희 원장만의 교육관이 어떠한 느낌인지를 정의할 수 있었다. 최 원장은 20세 중반부터 영유아기 아이들과 함께 생활하면서 아이들을 보다 자연스럽고 밝게 성장하도록 도와주는 것이(학습위주의 조기 교육보다) 장기적으로 올바른 인성 함양과 창의적이고 적극적인 사람을 만드는 기초가 된다고 생각하고 있었다.

좀 더 많은 아동이 발도르프 교육을 받을 수 있도록

강남 율현 발도르프 킨더가르텐'의 경우를 보면 활동하는 아이들의 표정이 밝고 놀이에 집중하는 모습이 진지하며, 부모들의 만족도가 일반 어린이집에 비해 매우 높은 것을 볼 수 있었다.

최 원장은 이러한 이유를 "유아기에 가져야 할 판타지를 그대로 교육에 입히고 아이들 스스로, 자기가 가진 생각들을 놀이에 반영시키며 만족감을 느끼는 모습에서부터 좋은 평가가 비롯되었다."고 보고 있으며 이러한 교육을 좀 더 많은 아동이 폭넓게 받을 수 있기를 원하는 마음으로 발도로프 교육을 전파하기 위해 노력하고 있다고 이야기하면서,

"현재 국가 경제 발전을 위해 창의성을 매우 강조하고 있지만 다소 유연하지 못한 지식 중심의 아동교육을 통해서는 창의성 발현이 쉽지 않다고 봅니다. 가까운 사례로 중국이 발도르프 교육을 일부 공교육으로 받아들인 이유는, 보다 나은 인재를 육성하기 위해서는 어릴 적부터 제대로 된 교육방식이 필요하다는 이유에서였죠. 요즘, 저는 대한민국의 아동들이 양질의 교육을 받을 수 있도록 발도르프 교육 확산에 더욱 노력할 예정입니다."라는 말로 본인이 추구하고자 하는 혁신의 방향과 목표를 내비쳤다.

국제뉴스 지윤석 기자 2015.06.24

아이들의 개별성을 존중하며....(G 밸리뉴스)

강남 율현 발도르프 킨더가르텐 최분희 원장
"아이들의 개별성 존중하며 가르친다"

최근 우리나라의 유아교육의 흐름은 아이의 자발성 존중과 사고력 중심의 교육이다. 아이들은 감수성이 풍부하고 예민하기 때문에 억압 속에서 교육을 받게 되면 스트레스를 받게 돼 정신적으로 좋지 못한 영향을 불러온다. 때문에 자유로운 공간이나 아이 스스로 교육을 받는 것에 즐거워하고 재미를 느끼는 것이 올바르게 성장하는데 큰 도움이 된다.

이러한 흐름에 발맞춰 우리나라의 여러 기관에서는 놀이중심과 체험활동 강화에 초점을 맞춰 가르치길 권장하고 있다. 이미 교육 선진국이라 불리는 핀란드나 노르웨이 등에서는 주체적 자립을 중시하거나 창의적인 방식과 아이 특성에 맞는 재능을 배울 수 있게끔 수많은 기회를 부여하고 있다.

강남구 율현동에 위치한 유아 놀이학교 강남율현발도르프킨더-가르텐은 전문 유아교육을 지향하고 있는 유아 교육 전문 기관이다. 아이들을 사랑과 정성으로 대하며 유아교육에 있어 절대 타협하지 않는 최분희 대표를 만나 더 자세한 이야기를 들어봤다.

강남 율현 발도르프킨더가르텐은 어떤 곳인지?

놀이학교 발도르프 유아교육은 아이들이 교육 프로그램이라는 것을 따라 하는 것이 아닌 영유아기의 교육이고 정책적으로 맞춰진 커리큘럼으로부터 자유로워 아이들이 스트레스 없이 효과적으로 교육을 받을 수 있다. 영유아라는 본질에서부터 순수하게 출발해 나가는 교육으로 앞으로 성장할 아이들의 개별성을 존중하며 가르친다.

발도로프 교육은 인간의 개별성과 발달 단계를 고려한 자연스러운 교육이다. 자연스러운 것이야 말로 자연과도 같다. 씨앗이 스스로 새싹을 돋고 꽃을 피우고 열매를 맺기 위해서는 해와 비, 적당한 바람이 필요하다. 아이들이 씨앗이라면 놀이학교 발도로프 교육은 해와 비, 적당한 바람 같은 동반자 역할을 해주는 것이다.

우리는 사랑, 모방, 감각, 신뢰를 중요시 여기고 있다. 유아기는 사랑을 느끼며 자란다. 사랑에 의해서 안심하고 불안이 해소 된다. 유아기는 100% 모방으로 자란다. 아이는 부모의 내적 마음까지 모방을 하게 되어 주변 어른들의 자기교육이 중요하다. 감각은 모든 감각이 열려있는 상태로 아이는 태어난다. 우리는 그 감각세계를 지켜주어야 하며, 아이 스스로 자신의 감각을 능동적으로 키우기 위한 교육이 필요하다. 마지막으로 신뢰는 부모님과 교사, 아이 모두가 한마음으로 이루어져야 하며 그것이 곧 신뢰하는 믿음이다.

또한 리듬의 중요성도 잊지 않고 있다. 어린시기의 아이는 모든 행동이 모방이기 때문에 바른 생활의 리듬과 반복이 특히 중요하다. 1년의 리듬, 1주일의 리듬, 1일의 리듬과 반복은 아이가 성장하는데 큰 영향을 준다. 발도르프 킨더-가르텐에서도 1년, 1주, 1일의 내용을 리듬에 맞추어 결정하고 있다. 안과 밖, 집중과 확산, 들숨과 날숨 리듬을 매일 반복하면 아이의 마음이 조화롭고 안정되게 변화된다. 아이는 리듬 생활을 통해 집중력이 좋아지고 원

발도프르킨더가르텐 내부모습

만한 또래 활동을 하게 되어 초등학교 진학을 위해서도 좋은 학습 태도와 친구들과 바람직한 관계 형성을 갖게 된다.

강남 율현 발도르프킨더가르텐의 특징이 궁금하다.

발도르프 킨더가르텐의 아이들은 인간의 삶의 리듬을 바탕으로 하루, 주, 달, 년의 일과를 보내고 있다. 하루를 보내며 숨을 들이 마시고 내 쉬듯이 들숨과 날숨으로 움직이는 생명력을 기본으로 리듬 생활을 한다. 이를 위해 우리의 설, 보름, 추석 등의 민속 명절과 다양한 풍습, 계절의 변화를 해마다 반복하며 체험한다. 어린이들은 어린이 내면으로부터 우러나오는 자율적인 참여를 통하여 규칙적이고 반복적인 일과로서 편안한 생활을 한다. 아이들에게 리듬 생활의 꽃이라고 할 수 있는 자유 놀이 시간을 주고 있다. 삶속에서 보고 느끼고 경험한 것들을 모방하며 의자나 판자, 사다리, 천, 인형, 나무 등 자연물로 된 놀잇감들을 이용해 아이들이 스스로 판타지 세상을 만들어 갈 수 있도록 돕고 있다. 아이들은 놀이 안에서의 즐거움과 창의적인 힘을 기를 수 있다.

예술 활동은 주로 교사에 의해 이루어지며 자유 놀이에서 자연스럽게 리듬을 타며 이루어진다. 여러 종류의 인형 만들기, 요리, 조각하기, 바느질 등과 아이들을 위한 놀잇감 만들기, 명절이나 풍급, 특별한 날을 준비하는 행위와 과정을 경험하는 시간이다.

아이들은 교사와 진지한 예술 활동 경험을 통해 인간 생활에 필요한 모든 문화적인 행위, 조형 과정을 직접 또는 간접적으로 체험함으로써 노동의 가치, 물건이 생산되어 가는 과정, 인간에 의해 만들어진 물건의 소중함을 배운다. 또한 자연과 더불어 사는 삶도 배우게 된다. 이 외에 다양하고 재미있는 프로그램을 통해 아이들의 눈높이와 앞으로 바르게 자라는데 필요한 활동들을 이어나가고 있다.

마지막으로 목표가 있다면?

요즘은 부모들은 맞벌이 때문에 직장에 있는 시간이 많아지고 바쁜 일상을 보내기에 아이들은 외롭게 자라고 있다. 아이들의 어린 시절은 누군가가 책임을 져야 한다고 생각한다. 아이들은 어른들이 어떻게 사는지를 보고 배우기 마련이다. 아이들은 원하지 않아도 부모와 연결이 되어 있고 부모의 보호막으로 잘 성장되어 진다. 저희는 내면적으로 부모와 긴밀하게 연결되어 있는 영유아기의 일상을 본질적인 측면에서 보호될 수 있도록 내·외적인 환경을 만들어주기 위해 노력하고 있다.

우리가 살고 있는 현대 사회에서는 무엇이든 빠르게 돌아가고 있다. 하지만 교육자의 자세로 아이들의 세상만큼은 천천히 갔으면 좋겠다. 아이가 성숙되기까지 기다려 주고 생명의 힘이 사고의 힘으로 변형을 가질 수 있도록 의식의 힘이 자랄 때를 기다려주려고 한다. 물론 부모님들과 함께 해 나가야할 과제라고 생각한다.

어른들의 세상을 아이들을 아프게도 건강하게도 할 수 있다. 어른들의 관심과 지지로 아이들 스스로 활동할 수 있도록 밑거름을 만들고 터전을 만들고자 노력할 것이다.

2018.06.17 출처 : G밸리(http://www.gvalley.co.kr)

새로운 가족을 선사할 수 있는 공간이 된다....(디자인키즈)

독일 정통 발도르프 교육을 실천하고 있는 강남 율현 발도르프킨더 가르텐. 이곳에서는 아이들을 유치원에서 키운다는 개념보다 가정에서 그리고 자연 속에서 성장시킨다는 느낌을 받을 수 있다. 보통 아이들을 유치원에 보내면 아이들은 낯선 건물과 환경에 적응해야 하는 시간이 필요하다. 하지만 이곳 강남 율현은 가정의 연장선으로 아이들에게 편안함과 새로운 가족을 선사할 수 있는 공간이 된다.

서울 강남구 율현동에 위치한 강남 율현 발도르프 킨더가르텐. 독일 발도르프 교육을 하고 있는 이곳은 정원이 넓은 가정집을 자연친화적 공간으로 개조한 유치원이다. 발도르프 교육철학답게 플라스틱 구조물을 완전히 배제한 나무로 이뤄진 공간 속에서 20여 명의 아이들과 4명의 발도르프 전문 교사가 함께 자연친화적인 교육을 실시하고 있다. 전 연령의 아이들이 반구별 없이 함께하여 그 안에서 질서를 배우고 함께 성장하게 하고 있다. 이는 연령별로 차이를 두어 아이들을 나누는 여느 유치원과는 구별된다. 인원도 발도르프 교육을 실천하기 위해서 소수로 제한을 둔다고 한다.

자연적 본성 그대로 받아들여 성장시키는 교육 율현 발도르프 킨더가르텐 최분희 원장은 "발도르프의 교육정신은 아이를 재능을 가지고 세상에 태어난 개별체로 보고 이를 실현코자 하는 것"이라며 "이러한 재능은 사랑과 애정, 열림성, 발견의 기쁨, 자유와 어떤 방향 설정에 대한 욕구, 창의성과 구성에 대한 흥미, 완고함과 고집스러움 등으로 본다."고 설명한다. 또한 아이들의 이런 재능을 성장시키기 위해서는 아이들을 강제적이거나 지식 중심의 목적 지향이 아니라 자연적 본성 그대로 받아들여 성장시키고자 하는 것이 발도르프의 교육적 사상이라고 소개한다. 율현에서 실시하고 있는 발도르프 교육은 20세기 초 독일 슈투트가르트에서 시작되어 현재 세계 80여 개국에서 시행되고 있는 교육이다. 우리나라에서는 2003년 독일 슈투트가르트 발도르프 유아교육사범대학과 협력 관계를 맺고 한국의 연구위원들과 독일 강사들이 한국과 독일 현지에서 교사 양성 교육을 통해 발도르프 교육 확산을 추진하고 있다고 한다.

교육의 시작은 식사부터

"저희 율현은 최대한 자연을 가깝게 접하고, 일반 가정에서와 같은 편안함을 가질 수 있는 장점을 가지고 있습니다. 예를 들어 주방이 활동 공간에 있어서 자연스럽게 가정처럼 요리 수업이 이루어질 수 있고, 마당에서는 모래놀이와 펌프놀이, 수로 만들기 등의 과학적 체험놀이와 사과나무, 다년생 꽃과 같은 식물을 키워보는 계절활동 을 하고 있어요." 최분희 원장이 자랑하는 강남 율현만의 또 다른 특징은 식사시간이다. "식판 사용을 하지 않고, 아이들에게 좋은 식습관과 건강에 도움이 될 수 있도록 청자로 된 개별식기를 쓰고 있습니다. 이러한 개별식기 사용은 아이들이 건강과 식습관을 바르게 하는데 좋은 성과를 거두고 있고, 한편으로 이를 교육하는 선생님 입장에서도 아이들을 존중하는 마음을 갖게 합니다."

아이들의 자율성과 창의성에 기반한 교육

강남 율현의 학부모들은 기대 이상의 교육을 받는 아이들을 보고 이곳의 교육에 대해 만족감을 표시하는 데 그 이유는, 일단 아이들의 표정이 밝아지고 놀이에 집중하는 진지한 모습이 달라진다. 이는 유아기에 가져야 할 판타지를 그대로 교육에 반영하고 아이들 스스로 자기가 가진 생각을 놀이에 반영할 수 있다는 만족감 등에서 나타난 모습을 보기 때문이라고. "이는 아이들 본래의 모습과 실질적인 창의성. 자주성을 육성하려는 율현 발도르프 교육의 결과라고 할 수 있는데요. 예를 들어, 다른 기관에 다니다가 이곳에 처음 온 아이들을 보면 모든 것을 물어보고 행동합니다. '화장실 가는 것', '블록 놀이 해도 돼요', '물 먹어도 돼요' 등 선생님 지시가 있어야 움직이는 모습을 보이다가 일정 기간 지나 생활에 익숙해지면 아이들이 점차 스스로 자신이 해야 할 것을 찾아 해결합니다. 놀이에 스스로 참여하고 계획을 세우며, 동생이나 형들의 협조를 요청하기도 해요."

자유 속에서 질서를 배운다

발도르프 교육은 하루의 리듬을 중요시하는데. 아이가 하루 동안 들숨과 날숨의 리듬을 통해서 고요하기도 하고, 해와 바람을 만나고 땅을 밟고 자연을 접하며 불을 경험한다. 아이들은 자유스럽게 노는 것 같지만, 아이들이 교육에 집중할 수 있는 환경을 만들어주기 위해 교사들의 계획과 움직임이 준비되어 있어야 하며, 매년 수준 유지 교육을 받고 있다. (이곳의 교사들은 유아전문교육을 받은 후 2년 반에 걸쳐 독일슈투트 가르트 발도르프 유아교육사범대학과 협력으로 발도르프 영유아 교육예술가 전문교육과정을 받은 교사들로 구성되어 있다고 한다.) 또한, 예술 활동으로 아이들은 습식과 밀랍 주무르기, 목공, 라이겐(동화로 엮어지는 율동), 손 유희 등의 활동을 한다. 이는 강남 율현이 발도르프 교육은 정부 지원을 받는 일반 유아교육기관과 달리 학부모의 선택으로부터 교육이 시작되기 때문에 보다 양질의 프로그램으로 아동을 중심으로 하는 교육을 실시할 수 있기 때문으로 볼 수 있는데, 최 원장은 “정부도 현재와 같은 일률적 교육, 수용 시설적 운영을 떠나 미래를 책임질 아동을 제대로 가르칠 수 있는 교육 방법과 교사의 질 향상. 시설을 제대로 운영할 수 있도록 경제성 보장 등에 관심을 가져야 합니다.”라는 말로 현 아동 교육의 변화 방향을 요구하였다.

디자인키즈 166쪽, 2015년 2월

국내 유아교육의 새로운 지표를 제시한다! (에코21)

“발도르프 킨더가르텐”

발도르프는 20세기 초 독일 슈투트가르트에서 시작되어 현재 세계 80여 개국에서 시행되고 있는 교육이다. 발도르프의 교육 정신은 아이를 세상에 태어날 때 각자의 재능을 가진 고유한 인격체로 보고 이것을 실현하고자 하는 것이다. 발도르프 킨더가르텐(원장 최분희) 교육의 핵심은 아이들이 개별성을 지닌 소중함의 자체로서 존중받아야 한다는 것으로 강제적 교육이나 혹은, 지식 중심의 목적 지향이 아니라 자연적 본성을 그대로 받아들여 성장시키고자 하는 것이다.

아이들은 차별 없이 모두가 사랑받아야 하는 존재 영유아기의 성장 중인 아이들의 재능은 무궁무진하다. 사랑과 애정, 열림성, 발견의 기쁨, 자유와 어떤 방향 설정에 대한 욕구, 창의성과 구성에 대한 흥미, 완고함과 고집스러움 등 다양한 성향을 나타낸다. 그런데 이러한 재능들이 강제적인 학습이나, 어른들의 과도한 기대 등에 부정적인 방향으로 바뀔 수도 있다. 이러한 점에 기초하여 발도르프 킨더가르텐 교육의 핵심은 아이들은 개별성을 지닌 소중함의 자체로 존중받아야 한다는 것으로, 이러한 존중을 통해 아이들은 인격뿐만 아니라 사고의 성장이 이루어진다는 것이다. 따라서 아이들을 강제적 교육이나, 지식 중심의 목표 지향적 교육이 아니라 자연적 본성을 그대로 받아들여 성장시키고자 하는 것이다.

강남구 율현동 방죽마을에 있는 '발도르프 킨더가르텐'의 최분희 원장은 1990년부터 영유아기 아이들과 함께 생활하면서 아이들을 더욱 자연스럽고, 밝게 성장하도록 도와주는 것이 학습 위주의 조기 교육보다 장기적으로 올바른 인성과 창의적이고, 적극적인 사람을 만드는 기초가 된다고 생각하고 있었다. 2003년 독일 슈투트가르트 발도로프 교육을 처음 접한 후 이것이 평소에 생각하던 최 원장의 교육관과 일치한다는 생각을 하게 되면서, 2004년 독일의 발도르프 사범대학과 협력 관계를 맺고 한국의 연구위원들과 독일 강사들이 함께 학습과 교사 양성을 시작했다. 이를 토대로 현재 국내의 교육 확산을 추진 중이다.

국내의 천편일률적인 '주입식 교육' 이제는 바뀌어야 할 때
발도르프 교육은 교육현장과 운영여건 마련, 우수한 교사들

예를 들어 발도르프 교사들은 유아 교육 학사과정 졸업 후 5학기 정도의 보수교육을 받아야 자격을 부여할 수 있는데 발도르프를 전문적으로 공부하여 자격을 획득하는 것이 자신의 능력을 키우고, 만족감을 주는 것 외에는 뚜렷한 이익이 없으므로 많은 교사가 단순히 자격증을 취득하고 교육 현장에 투입되는 상황이다.

끝으로 최분희 원장은 "중국이 발도르프 교육을 공교육으로 받아들인 이유는 더욱 나은 인재를 육성하기 위해서는 어릴 때부터 제대로 된 교육방식이 필요하다는 이유에서 이러한 조치를 취하고 있는 것입니다. 따라서 저는 지금 많이 실추된 영유아 교육의 문제를 해결하고, 더욱 양질의 교육을 아동들에게 접할 수 있도록 발도르프 교육 확산을 더욱 노력하고, 선생님들의 인성과 관련된 교육 프로그램을 보강하는 일을 하고자 합니다."라는 말을 전했다.

에코21 168쪽, 2014년 9월

"유아기에 필요한 교육은 따로 있습니다"… (이슈메니커)

국내 교육의 판도가 바뀌고 있다.
지식중심의 주입식 교육에 치중됐던 과거와 달리.
창의적이고 자율적인 학습이 중시되고 있다.

이에 1919년 루돌프 슈타이너에 의해 제정된 발도르프 교육이 다시 주목받고 있다. 한국 루돌프 슈타이너 인지학 연구센터에서 운영위원장으로 활동하고 있는 최분희 원장은 2005년 발도르프교육을 미래의 교육방향으로 바라본 후 강남 율현 발도르프 킨더가르텐을 개원해 발도르프 교육을 기초로 아동들을 지도하고 있다. 율현 발도르프 킨더가르텐에서는 아이가 지니고 있는 사랑과 애정, 독창성, 창의성, 완고함 등의 재능을 존중하며 아이의 성장을 돕고 있다. 최 원장은 "발도르프 교육은 아이의 재능실현을 돕는 교육입니다.

아이의 재능은 강제적인 학습이나 어른들의 기대에 따라 변하지 않습니다. 오히려 아이가 지니고 있는 개별성을 존중하며 성장을 도와줄 때, 아이들은 인격적 성장과 더불어 사고의 성장이 이루어집니다. 때문에 저희는 자연 본성을 실현하는 교육을 지향하고 있습니다."라고 말했다.

대다수의 유치원에서 인지적인 교육과 더불어 조기 학습에 매진하는 점과 달리, 킨더가르텐에서는 아이들의 입장에서 그들이 이해하고 체득하는 교육을 진행하고 있다. 최 원장은 "유아기에는 아이가 뛰어놀고 자연과 교감하며 상상력과 창의력을 키울 시기입니다. 이 시기에 선행학습을 하게 되면 아이에게 필요한 유아기 때의 경험은 놓치게 됩니다."라고 말했다. 덧붙여 그는 "자기 의지로 발달해야 하는 시기가 유아기인데, 국내 유아교육은 전부 어른의 의지가 반영된 점이 문제입니다."라며 유아교육의 문제점을 지적했다. 때문에 킨더가르텐에서는 교사들이 아이들에게 직접 지시하거나 요구하는 단어를 사용하지 않는다. 대신 교육을 전환하거나 식사를 할 때마다 아이들에게 노래를 부르는 등의 신호를 보내 아이들이 스스로 깨우치고 움직이도록 돕고 있다. 또한, 킨더가르텐에서는 아이들을 연령별로 구분하지 않는다. 4세부터 7세의 아이들이 함께 교감하고 활동하면서 동생들은 선배들을 따르며 지식과 경험을 체득하고, 7세의 아이들은 동생들을 보살피며 자연스럽게 리더십을 배양할 수 있기 때문이다. 최 원장은 "가정에서 형제를 통해 스스로 체득하는 교육 효과가 크지만, 최근에는 형제가 없는 집안이 많습니다. 킨더가르텐에서는 혼합연령으로 함께 어우러져 사회적인 책임감과 융화력을 배우고 있습니다."라고 전했다.

최분희 원장은 앞으로 국내 발도르프 교육을 발전시키기 위해서는 단순히 발도르프 기구로 아이들을 지도하는 것보다 지도자들이 교육내용을 확실히 이해하는 게 중요하다고 강조했다. 이에 킨더가르텐에서는 타 유아교육기관의 교사들과 달리, 유아교육을 마친 후 발도르프 전문가 교육과정을 수료한 교사들로만 편성돼 있고, 발도르프 교육에 대해 끊임없이 연구하고 발전시키고 있다. 독일의 발도르프 유아교육을 한국의 정서에 맞게 변화시켜 다시 해외에 보급하고 싶다는 최 원장. 그의 노력이 유아기 교육의 혁신적인 바람이 되길 기대해 본다.

이슈메이커 170쪽, 2015년 6월

아이들이 대상이 아닌, 주체가 되는 곳… (폴라리스)

20세기 초 독일의 슈투트가르트(Stuttgart)에서 최초로 시작된 발도르프는 슈타이너의 인지적 인간 이해에 기초해 정립된 교육철학이다. 아이들의 자립적 발달을 중심에 두는 발도르프 교육철학을 한국 환경에 녹여내고 실현하고 있는 곳, 강남 율현 발도르프 킨더가르텐을 찾아가봤다.

집처럼 편안하고 자연스러운 공간 서울시 강남구의 조용한 주택가 골목. 그 안에 자리 잡은 강남 율현 발도르프 킨더가르텐의 외형은 여느 주택과 다르지 않다. 토마토와 오이 등 식물이 자라고 있는 아담한 마당을 지나 원으로 들어서니 아이들의 자유 놀이가 한창이다. 스무 명 남짓한 아이들이 신나게 노는 모습을 지켜보고 있는데 일순 손에 뜨개질 도구가 쥐어진다. 최분희 원장은 “아이들을 관찰의 대상으로 만들지 않기 위해서”라며 뜨개질 도구를 건넨 이유를 설명한다.

“아이들이 노는 것을 지켜보다가 문제 상황이 생기면 바로 개입하는 어른들이 많은데, 이는 바람직하지 못해요. 또 관찰하듯이 보고 있으면 아 이들은 온전하게 자기 놀이에 집중할 수 없습니다. 저희 원은 아이들이 편안하고 안정적인 환경에서 자유롭게 놀 수 있도록 하고 있어요. 교사들이 ‘수업을 시작하자, 물건을 정리해라’와 같은 말도 하지 않아요. 교사들이 수업 준비를 하고 있으면 아이들이 자연스럽게 모이는 식이죠.” 실제로 강남 율현 발도르프 킨더가르텐의 자유놀이 시간은 여느 원과는 사뭇 다른 모습이다.

거실과 주방, 방으로 이뤄진 원내 곳곳에서 교사들이 미술, 요리, 신체 활동 등을 하고 있으면 아이들은 자신이 원하는 곳으로 가서 놀이 활동을 한다. 단, 아이가 한 영역에만 관심을 보이면 자연스럽게 다른 영역으로도 관심을 유도해 균형을 유지한다는 것이 최 원장의 설명이다. 자유놀이가 끝난 후에는 ‘아침 열기’가 시작된다. 교사가 노래를 흥얼거리자 자연스럽게 교구를 정리하고 노래를 따라 부르며 하나둘 모이는 아이들.

향초를 켠 아늑한 방 안에서 노래 부르기와 손 유희를 곁들인 동화 읽기, 천연 오일 손에 바르기 등의 활동이 평화롭게 이어진다. 최 원장은 일련의 활동 뒤에는 아이의 신체적·정서적 리듬에 대한 고려가 숨어 있다고 설명한다. “발도르프 교육에서는 하루의 리듬이 매우 중요합니다. 아이들이 하루 동안 들숨과 날숨(정적인 활동과 동적인 활동)의 리듬을 조화롭게 이어 갈 수 있도록 하고 있어요. 그래서 동적인 자유놀이가 끝나면 정적인 아침 열기를 하는 것입니다.”

남다른 교재교구와 교사의 전문성

강남 율현 발도르프 킨더가르텐의 특별함은 환경 구성과 교재 교구에도 녹아있다. 주방은 어른 만의 공간으로 분리되는 것이 아니라 가정집과 똑같이 열린 형태다. 아이들은 자유롭게 주방을 오가며 점심 식사가 만들어지는 과정을 지켜 보고 요리에 동참하기도 한다. 그 외의 활동공간도 열린 구조다. 마당은 목공 놀이부터 수로(水路) 만들기 등의 과학 체험 다양한 식물을 키우는 계절 활동까지 할 수 있는 복합 공간이다.

헝겊으로 만든 발도르프 인형과 너무 밤나무를 비롯한 천연 나무로 만든 목재 교구, 구체화된 형태가 없는 면이나 실크 천 등이 교재교구로 비치된 점도 독특하다. 최 원장은 아이들이 상상력을 펼칠 수 있는 구조화가 낮은 교재교구, 몸에 해롭지 않은 친환경 재료의 교재교구를 제공하는 것이 원칙이라고 말한다.

"진짜 같은 가짜는 없는 환경을 만들려고도 해요. 요즘은 실물과 똑같이 만든 교재교구도 많은데 결국 크기나 질감, 소리 등에서 차이가 나죠. 예를 들어 TV에서는 물이 떨어지는 소리를 '똑똑'하고 표현하지만 실제로 물이 떨어지는 소리는 그렇지 않잖아요. 아이들이 진짜 사물, 진짜 경험을 할 수 있는 환경을 만들어야 합니다." 그러나 최 원장은 교재교구보다 훨씬 중요한 것은 교사의 역량이라고 강조한다. "얼핏 보면 아무렇게나 놀고 있는 것 같지만, 아이들이 활동에 자연스럽게 빠져들고 성장하는 환경 뒤에 교사들의 엄청난 노력과 노련함이 숨어 있어요."

현재 강남 율현 발도르프 킨더 가르텐 내는 다섯 명의 교사가 있다. 모두 유아교육을 전공하고 2년 반(5학기)동안 한국 루돌프 슈타이너 인지학연구센터의 발도르프 영유아 교육 예술과 전문 교육과정(독일 슈트트가르트 발도르프 교육 사범대학 협력)을 이수한 전문인력들이다. 이들은 일 년에 두 번 같은 센터에서 진행하는 일주일간의 심화과정연수에도 참여하여 역량을 강화, 유지한다. 다섯 명의 교사 구성 안에는 남자교사와 나이가 지긋한 할머니 교사도 포함되어 있다.

아이의 개별성을 존중하는 발도르프 교육

현재 한국 루돌프 슈타이너 인지학 연구 센터 운영 위원장이기도 최 원장 그가 발도르프 교육을 알게 된 것은 2000년대 초반의 일이다. 아이가 교육에 대상이 아닌 놀이 주체가 되는 발도르프 철학을 접한 후 발도르프야말로 아이들에게 꼭 필요한 교육이라는 확신을 가졌다고 말한다. "아이는 재능을 지니고 세상에 태어난 개별적 존재로 보고 그것을 실연시키는 것이 발도르프 교육이 정신이에요. 재능은 강제적 학습이나 어른의 기대를 통해 실연되는 것이 아니에요. 아이들은 모두 개별성을 존중받아야 하고 존중을 통해 아이들이 인격과 사과는 성장합니다. 때문에 발도르프에서는 목적 취향의 교육이 아닌 자연적 본성 그대로의 성장을 추구하죠."

인지 중심으로 치우친 교육 역시 경계 대상이다. 기억력이 형성되고 학습 욕구가 생기는 때를 기다렸다가 학습을 시작한다. 최 원장은 보통 칠 세가 되면 아이들의 학습 욕구가 자연스럽게 커진다고 설명한다. "그때가 되면 4, 5세 때 1년 걸리는 것을 1개월 만에 습득해요. 그러니까 아이들을 미리 괴롭힐 필요가 없습니다. 인지 학습은 초등학교 때부터 시작해도 충분해요." 전 연령이 혼합반으로 생활하는 것도 강남 율현 발도르프 킨더가르텐의 특징이다. 동생들은 언니, 오빠, 형, 누나들이 잘하는 모습을 보며 자극을 받고 큰아이들은 동생을 돌보고 챙겨주며 자신감을 키운다. 비슷한 또래 간에 일어나는 경쟁의식보다는 배려하는 마음이 자연히 생겨난다. 최 원장은 이에 대해 "수준이 비슷한 같은 연령의 아이들끼리 앉아 학습을 하면 경쟁의식이 생길 수밖에 없어요. 내가 제일 잘해서 칭찬을 받아야 하기 때문에 옆에 친구가 못하면 기쁜거죠 그런 환경에서는 올바른 사회성이 잘할 수 없습니다."라고 설명한다.

영유아기 세상으로 나아갈 힘을 키우는 때

아침 열기 활동을 끝낸 아이들과 교사들이 산책에 나섰다. 아이들의 걸음으

아이들과 교사가 함께하는 산책

로 1, 2분 정도 걸으니 야트막한 동네 집 산이 나온다. 비가 와도 겨울이 와도 매일 오르는 산길들 익숙하고 편안한 걸음으로 오르는 아이들 그러면서도 뭐가 그리 새롭고 신기한 것이 많은지 곳곳에서 발걸음을 멈추고 무언가를 관찰하기 바쁘다. 오르막길을 조금 걷자 시원한 나무 그늘과 평평한 공터가 아이들을 맞이한다. 선생님과 함께 술래잡기를 하는 아이부터 나뭇잎이나 곤충을 관찰하는 아이, 나무토막을 휴대전화삼아 전화놀이를 하는 아이들 숲을 즐기는 방법도 제각각이다. 아이들은 이 숲에서 여름이면 시원해서 나무를 껴안고 겨울이면 따뜻해서 나무를 껴안는다 그렇게 온몸으로 자연의 법칙을 익히면 스스로 자라난다.

인위적인 자극을 배제한 교육, 가정집과 같은 편안한 공간 친환경적인 환경과 교재 교고 이러한 발도르프 교육을 두고 현실성이 없다며 비판적인 시선으로 보는 일도 있다. 그러나, 최 원장은 확신에 찬 눈빛으로 말한다. "우리 원 아이들은 타인의 말에 집중하고 친구들을 배려하는 태도가 자연스럽게 되어 있어요. 또한, 자율성과 자존감을 갖추고 있기 때문에 오히려 다른 아이들보다도 학교 생활에 잘 적응하고 친구들과도 잘 어울립니다. 몸이 불편하거나 어려움을 겪는 친구가 있으면 나서서 도와주는 것도 우리 아이들이에요. 동화처럼 예쁜 환경에서 보호받고 자란 아이들은 유약할 거라고 말하는 이들도 있어요. 하지만 그건 잘못된 생각입니다. 영유아기는 철저하게 보호받고 사랑받아야 하는 시기입니다. 아이들은 이러한 시간 속에서 세상으로 나아갈 힘을 만듭니다."

2015년 8월

변화를 추구하는 활동가

서두에서도 이야기하였지만, 아동교육은 본질적 개선이 아닌 영유아 교육과 보육을 중심으로 기득적 세력의 각축장이 되고 있고, 행정은 아동의 특수성을 무시하고 성인교육의 하위요소로 판단하고 있으며, 정치는 득표의 유불리에 묶여있는 상황이 오래 진행되고 있다. 이러한 환경 속에서 행복하게 자라나야 할 아이들은 지쳐가고, 부모는 불안감에 쫓겨 아이의 성장을 막는 교육에 휩쓸리고 있다. 이러한 환경은 미래 담대한 천 년을 바라보는 대한민국이 자칫 저출산, 문제 국가로 변화하게 될지 모른다는 불안감을 가중시키고 있다. 나는 이러한 것을 탈피하고 '보다 나은 교육제도', '보다 행복한 아동의 성장환경'을 만들기 위해 오랫동안 노력해 왔다. 본 장에서는 이를 위해 교육기관 설립 및 운영 외 어떠한 노력을 하였는가 소개하기로 한다.

제도 개혁을 위한 행정학 전공, 연구 활동

유아교육으로 석사를 취득하였던 내가 행정학에 대한 이해 도모를 위해 일반대학원 행정학과에 진학했던 것은 아동교육의 변화를 위해서는 행정제도에 대한 이해와 변화 노력이 필요하다고 생각해서이다. 이후 나는 한성대학교 사회복지학과 외래교수, 경민대학교 사회복지학과 겸임교수직을 수행하면서 내가 추구하였던 가치를 전하고, 보다 전문적인 식견을 쌓기 위해 노력했다. 또한, 한국행정개혁학회 복지저책 특별위원회 위원장으로 역할을 수행하고 있으며, 부끄럽지만 『소방행정학』의 공동저자로 행정체계와 정책에 대해 연구결과를 저서에 실었으며, 서울시민의 권익보호 실태진단 및 제도 개선방안 연구(2020), 주한미군 전사자 추모시설 건립 연구(2023) 등 10여 편의의 연구서를 발간하였다.

제도 개혁을 위한 정치참여

행정학을 전공하고, 이 분야에서 많은 연구 등을 하였지만 7년여간의 활동 끝에 상당한 한계를 느끼고, 실질적 변화를 이끌어내기 위해서는 직접 법·제도를 바꾸는 위치에 있거나, 이를 구현할 수 있는 조직에 몸담아야 하겠다는 생각을 하게 되었다. 마침, 나의 활동을 눈여겨보았던 몇 분의 여성 원로의 권유에 따라 나는 과거에는 거

정치활동 모습

리를 두고자 하였던 정치활동에 발을 내딛게 되었으며, 2020년부터 (사)한국여성유권자연맹 중앙위원회 부회장, (사)행정개혁시민연합 집행위원으로 활동하고 있다.

(사)한국여성유권자연맹은 1969년 여성이 주체가 되어 참다운 시민의식과 올바른 주권 행사를 통해 21세기 미래 창조에 적극적으로 이바지하며, 여성의 정치참여 확대 및 성인지적 차세대 여성 지도자 양성을 목적으로 설립된 비영리 법인체로, 현재 중앙본부와 광역시·도에 17개 지방연맹, 시·군·구에 147여 개 지부, 청년·청소년 연맹을 두고 있는 전국 조직이다.

나는 중앙부회장으로서 조직의 목표를 달성할 수 있도록 각종 토론회에 연맹 대표로 참석하여 연맹의 입장을 대변하고 있으며, 학술적 부분과 정치 초년생 양성을 위한 교육 프로그램, 조직 운영 등을 담당하고 있다. 그간 활동 내용을 소개하면 다음과 같다.

〈정치관계법 개정 토론회〉

한국여성의정과 한국여성정책연구원은 3일 서울 여의도 KMA 여의도센터에서 '정치관계법 개정 토론회'를 열었다.

이날 토론회에는 남인순 더불어민주당 의원, 문유경 한국여성정책연구원 원장, 김상희 국회 부의장, 김은주 한국여성정치연구소 소장, 박선영 한국여성정책연구원 선임연구위원, 김민정 서울시립대학교 교수, 윤석희 한국여성변호사회 회장, 최금숙 한국여성단체협의회 회장, 최분희 한국여성유권자연맹 중앙부회장, 이진옥 젠더정치연구소 여세연 연구위원 등이 참석했다.

2020.12.03

출처 : 여성신문(http://www.womennews.co.kr)

이데일리

"성평등 담당 독립 부처 필요"

[이데일리 장병호 기자] 여성단체들이 여성가족부 폐지를 추진하고 있는 대통령직 인수위원회를 만나 "성평등 정책을 담당할 독립 부처는 필요하다"고 호소했다.

안철수 인수위원장은 30일 서울 종로구 통의동 인수위사무실에서한국여성단체연합·한국여성민우회·한국여성유권자연맹·한국YWCA연합회 등 여성단체 관계자들과 만나 여가부 폐지에 대한 의견을 청취했다.

이 자리에서 여성단체들은 윤석열 대통령 당선인의 여가부 폐지 추진에 우려를 나타냈다. 김민문정 여성단체연합 대표는 "구조적 성차별은 엄연한 현실이며, 코로나19 상황에서 심각한 위기에 처한 여성의 목소리를 반영하는 과정은 필요하다"며 "성평등을 담당할 독립 부처가 분명히 필요하다"고 강조했다.

원영희 YWCA연합회장은 "올해가 한국YWCA의 창립 100주년으로 여성 운동이 100년이 되는 해인데, 이런 때에 여성운동을 함께 이끌어가야 할 여가부 폐지를 당선인이 공약으로 내놓아 답답함이 크다"며 "여가부 폐지에 대한 자세한 이야기를 함께 나누길 바란다"고 말했다.

최분희 한국여성유권자연맹 중앙부회장은 "여가부 폐지는 여성단체로서 우려되는 점은 있지만, 효율적 대안이 있다면 찬성한다"며 "인수위에서 육아나 경력단절 여성에게 더 좋은 법안이나 여성의 활발한 활동을 위한 양성평등 부처 등에 대한 방안을 생각해주길 바란다"고 전했다.

인수위는 여가부 폐지는 윤 당선인의 주요 공약인 만큼 여전히 유효하다는 입장이다. 이날 간담회에서 안 위원장은 "여가부는 2001년 생긴 이래 많은 역할을 해왔다"며 "시대에 따라 정부조직의 역할도 변화해야 하며, 인수위는 새 정부 출범에 따라 정부가 시대의 문제를 해결하는데 바르게 작동하는지 제대로 점검해야 한다"고 강조했다.

이날 오전 통의동 기자실을 찾은 추경호 기획조정분과 간사도 여가부 폐지에 대해 "유효한 건 당선인이 말한 부분"이라며 차질 없이 진행되고 있음을 시사했다.

이데일리 2022.03.30.

시사뉴스

"성평등 정책을 담당할 수 있는 독립 부처를…"
최분희 중앙위원장

安 "여가부, 바르게 작동하는지 제대로 점검하는 게 인수위 역할"
여성계에 "시대·역할 변하는게 정부조직"
여성계 "여성운동 제재… 새 부처 필요"

[시사뉴스 홍경의 기자] 안철수 대통령직인수위원장은 30일 여성단체와 면담을 갖고 "항상 새 정부가 출범할 때마다, 정부의 역할이 시대의 문제를 해결하는 데 바르게 작동하는지 제대로 점검하는 게 인수위 역할"이라며 여성가족부를 전반적으로 점검하겠다고 재차 밝혔다. 여성계는 우려와 함께 성평등 담당 독립부처 필요성을 전달했다.

안 위원장은 이날 오후 서울 종로구 통의동 인수위 사무실에서 여성계 대표 6명을 만나 "여성가족부가 2001년 생긴 이래 많은 역할을 해왔는데, 시대도 변하고 역할도 변하는 게 정부 조직 아니겠나"라며 이같이 말했다.

여성단체와 면담을 진행하는 안철수 위원장

이에 원영희 YWCA 회장은 "여성 운동이 100년이 되는 해"라며 "여성가족부 폐지 공약이 어디까지 어떤 구체성을 가지고 있을지, 긍정적인 이야기인지 여성 성평등 운동의 제재를 예고하는지 그런 부분이 답답했다."고 밝혔다.

여성가족부를 폐지하더라도 성평등 정책을 실질적으로 추진할 수 있는 새로운 방안에 대한 주문도 나왔다.

최분희 한국여성유권자연맹 중앙부회장은 "여성가족부 폐지에 우려되는 것도 있지만, 앞으로 효율적인 대안이 있다는 것"이라며 "여성의 육아나 경력단절, 양성평등 부처 이런 게 생겨서 여성들이 활발하게 활동할 수 있는, 성평등 정책을 담당할 수 있는 독립 부처를 강력하게 말씀드리려 한다."고 말했다.

이날 여성계에서는 김민문정 한국여성단체연합 대표, 강혜란 한국여성민우회 상임대표, 이은주 여성유권자연맹 중앙회장, 최분희 한국여성유권자연맹 중앙부회장, 원영희 YMCA 회장, 김은경 YWCA 성평등 정책위원장 6명이 참석했다.

인수위 측에서는 안 위원장 외에 임이자 사회복지문화분과 간사, 안상훈 위원과 국회 여성가족위원회 국민의힘 간사 김정재 의원, 당 중앙여성위원장 양금희 의원이 배석했다.

시사뉴스 2022.03.30.

기타 활동 :
여성의 목소리를 대변

(사)한국여성유권자연맹
여성정치
참여확대
2022. 6.1 전국동시지방선거

2022, 제6회 한국여성정치시민대학

대한민국을 이끌
여성지도자상 시상식

공직선거 선출직 동등참여를 위한

미래 아이들의 터전을 지키는 사람

대한민국은 '어떠한 가치 위에 만들어진 국가'이며, '어떠한 가치와 환경을 만들어나갈 것인가'는 우리 세대에 화두를 넘어 미래 대한민국을 이끌어 갈 아이들에 대한 화두이다. 따라서 나는 크게 두 가지 활동을 전개하고 있다. 첫 번째는 아이들에게 물려줄 환경을 지키는 일이다. 또 다른 하나는 대한민국의 자유민주주의 가치와 한미동맹의 가치이다.

Save Earth, Save Us : 아이들에게 물려줄 지구 지키기

에코비전 이야기

에코비전 21은 인류가 불러온 지구의 자정능력을 회복함으로써 우리 후손들에게 위대한 조상의 유산을 맑고, 깨끗하게 물려준다는 목

국내외 해외활동

적을 가지고 설립된 기관으로 이를 위한 활동과 월간잡지를 운영하고 있다. 나는 에코비전21의 자문위원으로 전국 각지는 물론, 독일과 미국 등 각국의 자정 활동에 참여하고 있다. 자정 활동은 거창한 것이 아니라 우리 주변의 쓰레기를 치우고 하수구를 맑게 만드는 일로, 이를 통해 우리가 지구를 얼마나 더럽게 만드는지 우리의 환경을 지키는 것이 얼마나 중요한지를 느끼게 하고 ESG(Environmental, Social and corporate Governance) 활동의 환경과 사회적 책임을 강화하는 기업, 개인을 지원함으로써 보다 나은 대한민국을 만드는 데 일조하는 것이다.

자정 활동은 COVID-19로 인해 잠시 중지하기도 하였으나 현재 전국 각지에서 100만 회원을 목표로 활발한 활동을 전개하고 있으며, 국내뿐만 아니라 미국, 독일, 벨기에 등 세계 각지에서 활동에 동참하고 있다.

역사를 잊지 않는 사람

대한민국의 현재는 과거 선조들이 흘린 피와 땀의 결실이며, 국제연합군의 도움 덕분이다. 이러한 것을 잊지 않는 것은 우리의 미래를 위해 중요하다. 국가공동체를 위해 헌신한 사람을 돕고, 기억하는 것은 국가공동체의 의무이다. 또한, 주한미군을 비롯하여 유엔참전국과의 교류 관계를 유지하는 것은 국제사회에서 대한민국이 생존하는데 필요불가결한 요소이며, 대한민국의 정체성을 이해하는 기초라는 점에서 중요하다.

'근대화의 주역' 파독 광부·간호사분들 지원에 대한 감사 행사

지원행사 후 반기문 제8대 유엔 사무총장님과 함께

한미 친교 행사후

이러한 점을 고려하여 최근, 독일 광부와 간호사로 대한민국의 발전을 견인하였던 재독동포를 방문하고 위로하였으며, 주한미군을 초청하여 한미동맹을 공고히 하기 위한 행사를 진행하고 있다. 특히 주한미군 장병 초청행사는 대한민국과 미국의 관계를 공고히 하는 공공외교로서 역할을 톡톡히 하고 있다.

주한미군 초청행사

기술의 발달로 로봇이 능력이나 특징 면에서 인간을 점점 닮아가고 있다. 하지만 인간은 추상적인 사고, 언어 사용, 창의성, 학습 능력, 자아의식과 윤리성 등을 가진 특별한 개체라는 점에서 로봇과 구별된다. 특히 교육은 이러한 특별한 존재인 인간의 역량을 개발하고 성장시킴으로써, 개인적으로는 전통의 계승, 가치관 정립, 시민의식을 함양하는 한편 국가적으로는 경제·기술·문화 발전에 기여하는 시민, 국가공동체의 구성원으로서 역할을 하도록 준법 시민 양성의 기능을 수행하고 있다. 이러한 교육의 목적과 체계는 근대산업사회의 발달과 함께 나타난 방식으로, 전근대 시대 특정 계층에 국한하여 시행된 교육체계보다는 진일보하였으나 산업화 이후 사회와 국가 노동력을 확보하기 위한 조직 중심의 사회제도의 산물이라는 점에서 인간 중심적인 면보다 국가의 구성원으로서 기능적인 면에 치우쳤다고 볼 수 있다.

그러나 이러한 교육제도는 오늘날 근본적인 도전에 직면해 있다. 즉 기술발전에 따라 산업사회의 전통적 일자리가 AI 기반 로봇 체계로 전환되고, 일자리의 특성도 육체적 노동력 중심에서 지식 기반 일자리로 대체되고 있다. 남성은 가정경제에 필요한 재화를 벌고 여성은 아이를 키우는 전통적 남녀 분업구조가 붕괴 일로에 있다. 사회복지국가의 발달로 부모를 대신하여 아이를 수용하고 보호하는 역할을 국가와 사회가 맡는 구조로 빠르게 전환되고 있다. 이로써 아이가 가정에서 받아야 할 사랑과 안전, 성장 지원과 영양 제공 등에 대한 역할을 국가와 사회가 떠안게 되었다. 하지만 지금 교육 현장의 모습을 보면 교육 환경과 양육자로서의 교사, 이를 감독할 행정기관은 여전히 근대산업사회의 속성과 사고방식에 머물러 있어 빠르게 변하는 사회구조의 변화를 따라가지 못하고 있는 실정이다.

교육은 본질적으로 성숙한 어른이나 조력을 필요로 하는 대상이나 미성숙 피교육자에게 지식과 경험을 전하는 인간적인 상호작용을 전제로 하며 이러한 상호작용은 학습을 받는 사람이 자발적으로 이를 받아들임으로써 이루어진다. 교육자는 이를 지도하고 지원하는 사람으로서 자연적 성장을 도와주고 피교육자가 자기 스스로 발전할 수 있는 힘과 자신감을 부여하는데 목적을 두고 교육을 해야 한다. 그러나 이러한 교육 구분은 인간의 성장 수준에 따른 것으로 연령대에 따라 그 목적이 다르며 교육자 또한 그들이 수행하는 일에 부합한 교육과 부담 정도에 따른 보상을 받는 체계이다.

그렇다면 사회구조 변화에 따라 전문기관에 맡겨진 아이들이 과연 가정에서 어머니에게서 받는 사랑과 지도, 돌봄을 받고 있는지 부모의 역할을 떠안아 아이의 성장을 지원하고 보호해야 할 교사는 적절한 수준의 교육과 보상을 받고 있는지 국가는 이에 부합한 행정지원을 하고 있는지 정치권은 이를 지원하는 법·제도를 마련하여 이를 지원하고 있는지 살펴볼 필요가 있다. 그러나 아쉽게도 모든 분야에서 우리 국가, 사회는 사회구조의 변화를 지원하거나 이끌어갈 역량은 물론 노력조차 정치적 고려 대상으로 삼고 있는 형국이며 성인교육을 담당하는 교육자가 아동교육을 성인의 축소판으로 바라보고 각종 대안과 정책을 만들고 있는 실정이다.

아동에게 있어서 교육은 본래 태어나면서부터 가진 선천적인 소질과 개성을 발달시키고 신체적으로는 감각과 근육발달을 바탕으로 자신의 몸을 자기가 생각하는 대로 움직일 수 있도록 하는 데 목적을 두고 교육이 이루어진다. 성인과 달리 아동의 감각기관과 신체는 하나의 개체로서 역할을 하기는 매우 연약하며 자극의 인지와 반응도 충분하지 않다. 따라서 아동 교육은 성인과 다르므로 지식 전달에 목적을 두지 않도록 하여야 하고 아동의 정상적인 발달을 돕는데 초점이 맞추어져야 한다. 이를 위해 관심과 흥미를 유발하는 각종 놀이와 관계 형성 활동, 감각의 발달을 촉진하는 신체감각 활동 등이 주류를 이룬다. 아동을 교육하는 교사는 지식이나 경험을 전달하는 것이 아니라 아동의 정상적인 발달을 돕고 보호하는 역할에 많은 비중이 있어야 한다. 최근 유보통합(幼保統合) 논의나 교육 관련 법률, 지자체의 교육체계는 이러한 아동의 특성을 고려할 필요가 있으나 아직도 대한민국의 교육은 노동력 확보를 목적으로 하는 근대산업사회에 머물고 있어 교육기관은 아동의 정상적 발달보다 수용과 보호에 관심을 두고 있으며, 부모들 또한 교육기관에 지식의 습득을 아동의 정상적 발달에 우선하여 요구하고 있는 상황이다.

최근 연구에 따르면 출산율 저하 원인은 젊은 부모가 사회 구조를 신뢰하지 못하는 데 있다고 한다. 우선 아이를 낳게 되면 안정적 생활을 할 수 있는 공간으로서 집을 구하기 어렵고 아이를 양육하기 위해 휴직 등을 하였을 경우 제자리를 찾아가기 어렵다. 설혹 다시 직장에 나간다 해도 내 역할을 대신할 수 있다고 믿을 수 있는 아이 교육기관을 찾기 어렵다. 결국 인구절벽시대를 바라보면서도 출산으로 손해보는 사회구조를 극복하기 어렵다고 할 수 있다. 현재의 인구구조는 5~60여 년 전 많은 형제, 자매 속에서 자라나던 시대와 매우 다른 양상을 보이고 있다. 특히 한두 명의 아이를 갖는 추세를 넘어 합계출산율이 0.6명대를 바라보는 지금 상황에서 아동은 과거에 비해 상대적으로 상당한 가치를 가질 수밖에 없으며, 아이의 제대로 된 성장은 국가의 운명을 좌우할 만큼 중요해지고 있다. 그러나 아동에 대한 국가의 역할이 커지는 것과 비례해서 아동에 대한 교육은 본질적인 목적 구현이 아닌 '안전하게 보호하는 역할'로 더 기우는 아이러니(irony)를 보이고 있다. 앞으로 대한민국의 미래는 소수 인력이 얼마나 정상적으로 자라나는가에 달려있다고 해도 과언이 아닐 것이다. 따라서 성인 성장에 기초가 되는 아동교육은 단순한 보호 수준을 넘어 보다 과학적이고 체계적으로 이루어질 수 있도록 국가적 노력을 기울여야 하며 이를 법·제도로 뒷받침해야 한다.

이러한 관점에서 아동의 소중함과 아동교육의 특징, 아동교육을 이루는 교육환경과 교육활동, 부모의 역할을 다루었으며 이러한 역할을 보다 충실하고 내실 있게 수행할 수 있는 제도적 장치를 어떻게 만들고 이를 지원하는 법률은 어떠한 관점에서 개정, 발전해야 할 것인지를 전하고자 하였다.

이 책을 읽는 독자들은 행복한 아동을 만드는 것은 천부적 인권의 구현이라는 관점에 더해 인구절벽 시대에 대한민국이 번영을 유지할 수 있는 인재를 만들어 내는 기초 작업이라는 관점에서 이 책을 읽기를 소망한다.